# 父母是孩子永不退休的班主任

Love

Forever

The best

白鹭 ◎ 著

台海出版社

图书在版编目(CIP)数据

父母是孩子永不退休的班主任 / 白鹭著. -- 北京 : 台海出版社,
2019.1

ISBN 978-7-5168-2050-6

Ⅰ.①父… Ⅱ.①白… Ⅲ.①儿童教育–家庭教育

Ⅳ.①G782

中国版本图书馆 CIP 数据核字 (2018) 第 288293 号

---

## 父母是孩子永不退休的班主任

著　者 : 白　鹭

责任编辑 : 王　萍

装帧设计 : 快乐文化　　　　　版式设计 : 通联图文

责任校对 : 罗　金　　　　　　责任印制 : 蔡　旭

出版发行 : 台海出版社

地　　址 : 北京市东城区景山东街 20 号　　邮政编码 : 100009

电　　话 : 010-64041652(发行,邮购)

传　　真 : 010-84045799(总编室)

网　　址 : www.taimeng.org.cn/thcbs/default.htm

E – mail : thcbs@126.com

经　　销 : 全国各地新华书店

印　　刷 : 北京鑫瑞兴印刷有限公司

本书如有破损、缺页、装订错误,请与本社联系调换

开　　本 : 640mm×960mm　　　　　1/16

字　　数 : 170 千字　　　　　　　印　张 : 14

版　　次 : 2019 年 1 月第 1 版　　印　次 : 2019 年 1 月第 1 次印刷

书　　号 : ISBN 978-7-5168-2050-6

定　　价 : 39.80元

## 1

一个小女孩从幼儿园大班即将升入小学时，内心产生了极大的恐慌。

她无论如何都不愿意离开美丽的学校。因为那里有她朝夕相处的好朋友，有她最喜欢的彩虹操场，还有她最爱的食堂大师傅。当然，她最喜欢、最不舍得分离的是她的幼儿园老师。这位年轻的女老师性格开朗、温柔可爱，3年来，她带着孩子们吃饭、睡觉、唱歌、跳舞、玩游戏……孩子们都很爱她，父母也都很喜欢她。她对孩子的每一个方面都很了解，孩子们也都愿意把自己的心里话说给她听，父母经常能从老师那里了解到孩子的另一面。

只是很可惜，小女孩要从幼儿园毕业了，她无法带走最爱的老师。

很快，小女孩升入了小学。

一切都是新的开始，对新学校、新老师、新同学，小女孩要从零开始，一点一点建立信任。新学校、新老师、新同学也要从零开始，慢慢认识这个小女孩……

幸好,在新的环境里,新的班主任像幼儿园老师一样温柔体贴,小女孩在新的学校逐渐开心起来!

## 2

可以想象,等到小升初、初升高、高中升大学,孩子还要经过一轮轮的适应期与磨合期,然后再慢慢融入一个个新集体。

对于每一任班主任来说,每一个孩子最初的、最直观的印象,仅仅是一张张试卷上面的分数而已。至于每一个孩子的学习特点是什么、擅长什么、如何建立有效的沟通,都需要经历漫长的时间来慢慢摸索。

如果孩子性格开朗、活泼,愿意把自己的特点展现给老师看、愿意和老师沟通,情况还好点;遇到一些内向、慢热型的孩子,老师就需要花费更大的力气,付出更多的耐心和细心去沟通了。

幸运的是,在孩子成长的每一步,在孩子无法融入新环境的每一次,在孩子开心快乐、痛苦失意的每一天,父母都能够坚定地站在他们身边。

幼儿园老师、小学老师、初中老师和高中班主任都绝不可能随时关注某一个孩子的具体生理问题、情绪问题和学习问题,到了大学老师、研究生导师以及博士生导师就更不可能来做这样的事。

能对孩子一生负责的,除了他们自己,只有父母。

孩子成长的每一步,都离不开父母的支持与鼓励。

# 3

从胎教开始，父母就承担起了教育、引导孩子的责任，从咿呀学语到步入学堂，一直到孩子成家立业。

当孩子第一次抓住玩具，第一次喊"爸爸妈妈"，第一次背上小书包，第一次骑上自行车，第一次爬上一座山峰……父母内心充满了骄傲与自豪。

童年，对孩子来说是不可复制的，每一个孩子也都是独一无二的。那么，从因材施教的角度来看，每个孩子的教育都应该有一份量身打造的终身计划。

除了父母，没有人能打造出一份这样全面、长期的生长计划；除了父母，也没有人能执行这样一份贯穿孩子一生的漫长计划。

没有一个老师，能比父母更了解自己孩子的一切；

没有一个老师，能像父母一样全面参与到孩子的成长中去；

没有一个老师，能像父母一样为孩子制订一份完整的德育、营养、学习、运动计划。

只有父母，才是孩子一生的、永不更换的班主任。

目 录
Contents

# 第一课

## 陪　伴

——下班的路，就是回家的路

# 不逼自己一把,你永远不知道准时回家陪孩子

给孩子什么才能让他拥有幸福感?

金钱? 美食? 高分? 玩具?

都不是。

其实,是父母的陪伴。

## 1

人到中年,上有老下有小,几乎所有人都在喊"忙"。父母除了应付焦头烂额的工作,处理各种家庭事务,还要给孩子当保姆、当消防员、当侦探、当知心姐姐……父母每天披星戴月、疲于奔命,身体在透支,可却收效甚微。

小林和丈夫都是企业的高管,在全力打拼赚钱,小林下班几乎都是晚上八九点了,丈夫更是一个月几乎20天都在外地出差,他们只能请了保姆,把孩子送到一个个培训班、托管班。但是孩子哭着对小林说,学校总有同学欺负他,他不知道该怎么办,他很想像别的孩子一样能够得到爸爸的保护。

小林跟丈夫聊起儿子的情况,丈夫说:"我很忙,孩子的事情你自己想办法处理吧。等我闲下来再说。"

小林火了："没看到我也很忙吗？孩子是我一个人的吗？"

夫妻争执了几句，也就不了了之了。保姆每天跟着儿子，可孩子还是变得越来越自卑、敏感、胆怯。最后，还是老师发现了孩子的状态越来越不好，建议让父母带孩子去看心理医生。诊断出来，13岁的孩子居然有轻度的抑郁症。

当医生的诊断结果送到小林夫妻手上时，他们惊呆了。医生叮嘱他们不要总以忙为借口，应多抽时间与孩子交流，否则会影响孩子的心理健康。

## 2

孩子的教育需要父母双方共同的配合与努力，如果爸爸或者妈妈任何一个长期忽视孩子的成长，都会对孩子的心理造成难以磨灭的影响。

现在人们戏谑地把这种现象称之为"丧偶式婚姻"，这种生活方式不仅给孩子带来巨大的伤害，连家庭稳定都无法维持。所以我们经常能看到，身边很多事业有成的中年男女，都处于离异状态。

我们究竟是在为谁辛苦为谁忙？

父母一定要从"瞎忙"中挣脱出来，做"该做"的事！

珠珠妈妈是一位需要经常出差的经理，虽然平时老公照顾孩子会更多一些，但是她也做得很棒。

在出差的日子里，不管有多忙，她都会每天晚上准时跟女儿视频聊天，互相分享一些当天发生的有趣的事情，或者给女儿讲个故事，最少也要跟女儿道一声"晚安，妈妈爱你"。

在不需要出差的日子,珠珠妈妈一定会争取准时下班、接女儿放学,做一顿可口的饭菜,陪孩子读书学习,假期带孩子游遍了祖国的山山水水。

## 3

其实孩子对父母的要求并不高,只要父母经常关注他、陪伴他、正确引导他就可以了。一句简短的鼓励,一句真诚的赞美,一个有趣的故事,就会让孩子感到快乐和满足。

称职的父母,应该懂得忙里偷闲去陪伴孩子,争取多一点时间用在孩子身上,与孩子在一起的那份亲情,是任何东西都取代不了的。

逼自己一把,下班的路,就是回家的路!

# 陪伴孩子,不是看守孩子

不准爬高上低!

不准哭闹尖叫!

不准提奇怪的问题!

……

陪伴孩子,不是看守孩子,不是把他管成木偶人。请你换上鼓励、赞同、温柔的表情,陪孩子一起体验童年的美好。

<h1 style="text-align:center">1</h1>

中国式父母的特点就是含蓄、内敛、克制。

人们从小接受的教育就是面对亲朋好友温良、谦让、沉静不让人觉得锋芒毕露,面对孩子要不苟言笑树立起父母的威严。认为让孩子觉得怕,才好管教孩子,这样的理念已经荼毒了很多成人的童年,现在难道还要延续到孩子的身上吗?

淘淘是个名副其实的小淘气, 经常做出一些让父母头疼不已的举动。

每次“犯错”虽然都被严厉地批评,甚至处罚,可是看起来并没有什么用。一转眼,淘淘就会把爸爸妈妈的告诫忘得干干净净。

周五下班后,爸爸一进家门就听到淘淘的呼救声:“爸爸,救命啊……”

原来,淘淘爬到了一个新买来的大衣柜的顶端,由于柜子太高,他下不来了,妈妈在厨房做饭并没有发现。

爸爸吓出了一身冷汗,想到万一摔下来的后果,想把淘淘“拎”下来狠揍一顿,此刻妈妈也被惊动了,一看这场面,尖叫起来:“我的小祖宗啊!说了多少次不要爬高上低的,你怎么就是不听啊!”说着催促丈夫:“愣着干吗? 快把他弄下来啊! ”

此刻,爸爸反倒冷静了,反正夫妻都在边上,孩子肯定暂时不会有危险,但是把他弄下来打一顿骂一顿,他下次会长记性吗?想到此,他不动声色地说:“儿子,你是怎么上去的?”

"爬上来的。"淘淘怯怯地回答。

"怎么爬上去的呢？"

"我从下面打开柜门,拉开抽屉,然后踩在抽屉上,用手抓住柜子顶蹬着柜门就上来了。"

"既然你能爬上去,就能下来。不要一遇到困难就向爸爸求救,要想办法自己解决。爸爸相信你,你一定能自己下来的,爸爸不离开,就在旁边看着。"爸爸说。

淘淘看爸爸并没有批评他,但也没有要救他下来的意思。无奈之下,他只好一步步地爬了下来。接着,爸爸走上去,给了他一个大大的拥抱,说:"爸爸知道你能下来的,你是好样的。"

淘淘非但没有受到批评,还受到了赞扬,他激动地在爸爸脸上"啵"了一下,开心地笑了。

妈妈静静地看着父子俩的交流,瞬间觉得幸福感满溢。

这个周末,淘淘家充满了欢声笑语,顽皮的淘淘好像一下子变得懂事很多。


## 2

不可否认,所有的父母对孩子都是爱意满满。可现实中,却有很多孩子感觉不到自己被爱。当孩子有意无意透露出这类信息时,父母应该好好反省一下,自己对孩子爱的表达是不是出了问题。

研究表明,善于运用以下几种方法陪伴孩子,会有更高的陪伴质量。

第一,要亲亲要抱抱。孩子是父母最爱的人,应该经常与他亲密接触。下班回家,家长要扔掉面具,在你拥抱孩子的同时,也释放了自己被压抑的心灵。常常被父母牵着手、拥抱和亲吻的孩子,比那些被人长期冷落的孩子性格更温和,更容易获得幸福感。

第二,用眼神和语言肯定。作为孩子,再也没有比得到父母的肯定,更能使他们感受到被爱了。孩子成长的过程就是探索世界的过程,对孩子来说,我们习以为常的一切都是那么新鲜。当他的探索与发现被肯定,才有更大的动力继续向前奋进。如果你觉得自己掌握不好夸奖的尺度,,那最起码也要做到不再挖苦、数落、讽刺孩子。

第三,用心关注他的一切。陪伴孩子的时间少,更需要提高陪伴的质量,在短暂的时段里给予孩子全心的关注。用行动告诉孩子:"你对我很重要,我喜欢跟你在一起。"这会使孩子觉得他对父母来说是世界上最重要的人,他是真正被爱着的人。

第四,用礼物表达心意。让孩子最开心的事情,其中一定有收到喜欢的礼物。在每一个节日,或者不经意的日子,给孩子送上精心挑选的礼物。看着他惊喜的表情,爱不释手的欢乐,你一定也会很开心。当你忙碌不在家的日子,这些礼物也会默默陪伴在孩子的身边,为他赶走孤单。

## 3

如果你在百忙之中抽出时间来教训孩子,那么对孩子来说,只能是有害无益。父母一方面要学会给孩子传递理智的爱,另一方面也不要刻意去掩饰自己对孩子的爱。

陪伴孩子,不是看守孩子,父母给予孩子的陪伴,不仅是表达爱的一种方式,还是给孩子以身作则的人生示范。父母要引导孩子、帮助孩子健康快乐地成长,并能够用成熟的行为去爱别人,去回报社会。

# 让孩子感到幸福的最大障碍是什么

父母之间冷战、热战交替出招;夫妻两人互不关心,形同陌路;父母双方各自奔忙,无暇沟通……

这样的家庭会有温暖吗?孩子能感觉到爱的幸福吗?处理不好夫妻关系的父母,能给孩子一个快乐的童年生活吗?

答案是很难。

## 1

这天下班,爸爸一回到家里就发现冬冬闷闷不乐的。吃过晚饭,爸爸拉着冬冬去慢跑,借机询问他是不是有什么心事。

"还不是为了你!"冬冬气鼓鼓地说。

原来,冬冬的爸爸是一家知名企业的执行董事,无论走到哪里都有助理提包,车接车送,如众星捧月一般,到哪里都是焦点,同学们都羡慕冬冬有这样一个超人爸爸。久而久之,一些爱嫉妒的同学就在背地里开始说冬冬爸爸的坏话:"别看冬冬的爸爸厉害,其实他是妻管严,怕老婆!"冬冬气得跳了起来,与几个同学大吵了一架。

"别人说你怕妈妈,是真的吗?"冬冬生气地问爸爸。

爸爸看着儿子因为激动而涨得通红的小脸,还有那一副恨铁不成钢的表情,忍不住笑了起来。他没有回避儿子的问题,而是微笑着对冬冬说："真正相爱的夫妻之间，只有爱和尊重，没有畏惧。妈妈和爸爸一样，每天辛辛苦苦工作，回家还要给我们做家务、做饭等，身心疲乏的时候总有些情绪。男人嘛，总要体谅女人，男人要有宽广的胸襟，容女人撒撒娇、发发脾气，也要帮妈妈做些家务，减轻她的负担，这是我们做男人的职责。"

爸爸的话音刚落，冬冬就接过话茬："嗯，对，女人就该宠！"

爸爸看到冬冬小大人的模样，会心地笑了。

孩子上学之后接收信息的数量非常庞大，很多细小的问题，父母以为孩子不懂不明白，就可以遮掩起来。殊不知，孩子非常敏感，对离婚、二胎、择校等问题了解得很多，平时在学校，同学们也会互相分享自己家的事情，进行分析对照。幸福家庭的孩子愈加自豪、快乐，不幸家庭的孩子就会愈加敏感、自卑。

## 2

晓敏是个二年级的小学生，最近在学校上课时总是精神恍惚、注意力无法集中，下课后也会躲着其他同学一个人待在角落里。班主任发现之后，把晓敏叫到办公室仔细询问了一番。原来，那几天晓敏半夜迷迷糊糊地听到父母房间传来压抑的哭泣声，还有父母争吵的声音。联想到班里一个父母离婚的同学的惨况，晓敏害怕极了，很担心父母会离婚，那就没人管她了。

班主任安抚晓敏之后，给她妈妈打了个电话，告知了晓敏的情况。晓敏爸妈迅速调整了自己的心情，双管齐下地打消了晓敏的担忧，多日不见的笑容终于又洋溢在晓敏的脸上。

在一个家庭中,如果夫妻之间不能互相尊重,遇到事情不能理智沟通,那么对孩子造成的负面影响将难以磨灭。

爸爸妈妈是相爱的,让孩子感受到这一点非常重要,他会一再确认自己的家庭是温暖幸福的。

下班就回家,不是赶回去制造家庭纷争,是要给孩子最好的陪伴与分享。

首先,夫妻要做到真诚沟通,互相赏识对方的优点,并展示给孩子看,而不是在孩子面前互相揭短、挖苦讽刺。

其次,还要做孩子忠实的听众,鼓励孩子畅所欲言。当遇到问题时,要夫妻共同商量解决,最好也让孩子在场,听一下孩子的意见。这样,孩子会实实在在地感受到家庭的民主与温暖,长大之后也会更加有主见,有担当。

当然,夫妻亲昵行为要把握一个度,切不可当着孩子的面做太过亲密的动作。

## 3

昕文是一个律师,因为与丈夫性格不合,结婚十年后选择平静分手,之后她独自带着女儿生活。她拼命工作赚钱给女儿提供能力所及最好的一切,下班后推掉一切应酬,准时接女儿放学、做饭,陪女儿学习、玩耍,十年如一日。

母亲节那天,女儿买了一束玫瑰花送给她,并对她说:"妈妈,我拥有一个完美的童年,谢谢您。"昕文流下了幸福的泪水,她对自己说:"为了女儿,我不后悔自己的选择。"

吴晴是昕文的好朋友,虽然年龄相仿,可看起来却憔悴苍老。她无法忍受丈夫没有尽头的应酬,每当他回家时就不停地指责抱怨,夫妻俩陷入旷日持久的冷战,可是为了让孩子拥有一个完整的家,两人都不愿提出离婚。唯一的儿子不堪忍受,每天放学后就和一群差不多情况的孩子四处游荡,不愿回家。

在一次争吵过后,儿子对吴晴说:"我只想快快长大,然后离开这个冰冷的家,永远也不再回来。"

后来,吴晴与昕文说起时,形容当时的感觉真是"心如刀割"。明明是为了儿子不离婚,在名存实亡的婚姻里苦苦支撑,没想到竟然三个人都如此受伤。

如果父母因为种种原因不得不走向离婚的道路,那一定要在合适的时间和地点,将离婚的事实告诉孩子。虽然,这对孩子来说很残忍、很痛苦,但还是必须去做。

父母的离异很少能够瞒过敏感的孩子,瞒得了一时也瞒不了一世,当孩子有一天发现父母在联手欺骗他时,心灵受到的伤害更大。开诚布公地与孩子谈一谈,没有人能保证自己的婚姻一定能幸福。当遇到不幸的婚姻时,应该勇敢地去改变,而不是当一天和尚撞一天钟,心如死灰地混日子。可以把正确的婚恋观传达给孩子,这样孩子长大后,也会慎重地对待爱情,对待婚姻,并用乐观的心态去生活。

从另一角度来看,与其整日处于冷战、争吵的恶劣环境中,那还不如从糟糕的婚姻中解脱出来,孩子也能获得平静的生活。如果离异后,夫妻依旧能给孩子全部的爱与关注,那孩子仍然能够快乐地长大。

父母能够给孩子最好的东西,唯有爱而已。

# 收起"葛优瘫",放假好好陪孩子

很多父母抱怨说:"整天忙工作、忙孩子,家里家外团团转……"

到了周末终于可以"葛优瘫",呼朋唤友逛吃、逛吃,更有加班狂在单位加班不够,还要把工作带回家里。为了不让孩子打扰自己,给他安排上满满的课外班,或者干脆扔到托管班里。

如果把父母自己的童年安排成这样,我们自己能开心接受吗?

我们肯定会斩钉截铁地回答:"不能。"

## 1

琳达在孩子一岁的时候,正处于事业的上升期,因为夫妻两人都不愿放慢追逐事业的脚步,就达成一致把孩子送回湖南老家交给爷爷奶奶带。没有孩子的拖累,他们如愿以偿地成为成功人士,为孩子提供了丰富的物质条件。

可当他们把孩子接回身边时,却发现孩子对待自己非常冷漠,根本不愿意跟他们沟通。不管他们拿出什么样的好东西,孩子就是不肯打开心门真正地接纳他们,父母与孩子之间仿佛隔了一堵难以逾越的无形的墙。

父母是孩子最亲近的人，也应该是孩子一生中最好的朋友。可是由于种种原因，父母与孩子之间的沟通越来越少，彼此之间的隔阂也越来越大。这无论是对于孩子的成长，还是亲子关系的增进都会造成不良的影响。

对于难以搞定的"熊孩子"，是把他远远送走，眼不见为净，还是多多陪伴、耐心引导呢？

在职场拼搏的父母，往往迫于竞争的压力，无法享受快乐的亲子时间。好不容易等到节假日和休息时间，不少父母还因为要加班，或者忙于应酬，而不能和孩子在一起。

于是，很多父母自然而然就会愧疚之情涌上心头。为了补偿孩子，我们对不合理的犯错视而不见，对无理取闹百依百顺，拼命买来各种昂贵的玩具与礼物讨好孩子，假期带着孩子去豪华旅行胡吃海喝。可这些，是孩子真正想要的吗？

父母平时对孩子的生活和情感照顾双缺失，千方百计想通过物质进行补偿，这种做法表面看去挺华丽的，可实际收效几乎为零。更有甚者，孩子可能会认为自己在父母心中并不重要，父母看重的只有金钱。

一旦被孩子在心里贴上这样的标签，父母的形象跟一座会走动的提款机有什么分别？孩子从小缺失的爱的需求就会畸形变异，最后发酵成严重的心理疾病，成为永远无法满足的巨型婴儿。

## 2

在妈妈课堂上，丽娜分享了自己带孩子的经验。

因为工作忙，丽娜很少有时间去陪家人，尤其不知道孩子喜欢什么。一次周末她决定带着孩子去公园玩儿,孩子在旁边和几个同龄小朋友玩耍,自己就坐在旁边的椅子上休息。

她无意间低头发现地上有好多黑色的"小不点",仔细一看原来是一群蚂蚁,原来蚂蚁在搬家。只见有的蚂蚁用力衔着卵,有的蚂蚁抬着食物,还有一只个头比较大的蚂蚁,显然是整个队伍的带队者,神气地走在前面,像一个军队的将军一样。这时,只见一只淘气的小蚂蚁因为贪玩儿跑出了搬运队,领头的蚂蚁便跑了过去,用自己的触角碰了碰小蚂蚁的触角,那只小蚂蚁似乎知道了自己的错误,又回到了自己的队伍中。

它们很有纪律地搬家,可能是料到快要下雨了。正在丽娜思考的时候,突然爬过来了一只大青虫。蚂蚁们似乎知道敌人来袭,便派出几只身强体壮的大蚂蚁,它们开始与大青虫"决斗",最终,大青虫竟然被蚂蚁咬死,成为蚂蚁的美食。

丽娜说:"从蚂蚁搬家的过程中,我不但认识到团结的力量,更觉得这种团结应该让孩子提早感受到。因为现在独生子女特别多,独生子女最大的缺点就是不懂得配合,不懂得如何与别人一起完成目标,总是有自我的一面。因此,在回家的路上,我陷入了思考,决定培养一下孩子融入团队的能力。"

在第二个周末,正好女儿的同班同学来家里玩,丽娜故意将所有的玩具都拿出来,几个孩子玩得不亦乐乎,将玩具放得到处都是,弄得客厅乱七八糟。在他们玩够了之后,丽娜要求他们一起将玩具收拾到置物箱中,并且要进行分类。谁做得好,谁就有冰激凌吃。此时,几个孩子便开始分工合作,有的拿布娃娃,有的收拾小动物,最终用了不到20分钟就将所有的玩具整整齐齐摆放到了置物箱,当然,几个孩子都得到了冰激凌的奖励。

正如一位老师曾经说过的那样,现代社会的压力很大,孩子们一出生就站在各自的起跑线上,时刻准备着冲进各自的跑道。看着那么小的孩子要负重前行,父母难免心疼。但是,家长要时刻提醒自己,压力是给父母的,不要传输给孩子。只有父母清晰地认识到孩子的前路艰辛,提前为他打好基础,孩子才能轻松上阵。

要给孩子一个美好的童年,需要父母们付出更多的细心与耐心。

所以,请珍惜和孩子一起成长的时光吧!

## 3

假日是父母与孩子进行深度交流、增进感情的绝佳时机,家长与孩子之间的每一项活动都可能促进或消减亲子关系。上班族父母更应该珍惜假日的时间,减少不必要的工作应酬,抓住一切空暇陪伴孩子,加强与孩子的沟通与交流。给孩子挑一本好书,可以在家里,也可以在公园的大树下,静静地陪孩子一起阅读,找到阅读的乐趣。与孩子一起分享书中的情节,引导孩子说出自己的想法,听听他们的心里话。孩子的心思是透明的,如果父母真诚地与他沟通,他就会敞开心扉,告诉我们有什么开心的事、不开心的事。

这里需要提醒父母的是,听到孩子说出金句、好话,父母不必喜上眉梢;听到谬误的表达也不必怒气上冲,这只是日常的聊天交流,并不是父母出题让孩子考试。

另外,还要注意帮孩子排忧解惑,用正确的价值观去影响孩子,帮助他们培养健康的情感,学会不计得失。这样,孩子的委屈、怨恨等不良情绪就不会在心中累积。

　　同时,假日也是孩子们休息、放松、接触大自然的大好时光,与平时的紧张学习时间相比,孩子的空闲时间多了,想象的空闲也大了。需要注意的是,假日旅行尽量不要带孩子参加旅行团,或者以玩的名义给孩子报各种游学类项目。一次轻松的自驾游,或者仅仅是带孩子到附近的公园、体育场玩耍嬉戏,也会让孩子心生满足。

　　一边玩一边学,寓教于乐,让孩子在不知不觉中成长与进步,父母能够做到的比班主任更多,效果也更好。在玩耍的过程中,孩子收获了知识,收获了父爱、母爱,我们的收获更大——与孩子在一起的那份快乐,是任何东西都取代不了的。

# 三头六臂的超人父母,一定会"断、舍、离"

　　很多父母在事业与家庭之间疲于奔命,努力想要给孩子做一个完美的榜样,却常常丢了西瓜又丢了芝麻,既没能把工作做好又没带好孩子。

　　而那些表面看起来完美的父母,都是条理清晰,目标明确,敢于接受自己是不完美的人。当你想要家庭事业双丰收的时候,就一定要学会断、舍、离。

1

乐乐父母的工作很是忙碌,经常要出远门,大多数时间都是花在工作和陪客户吃饭上,根本没有时间陪伴孩子,所以乐乐只能跟着爷爷奶奶生活,只有父母休息的时候,乐乐才能见到他们。

每到这个时候,乐乐妈妈就想通过休息时间弥补孩子,陪孩子去买喜欢的东西,陪他玩游戏或者逛游乐园,晚上睡前也会给乐乐讲故事或者读绘本,她希望孩子能明白父母的良苦用心。可是相比之下,乐乐更喜欢和爷爷奶奶一起生活,因为和爷爷奶奶在一起很放松,不像妈妈似的,感觉是为了陪他而陪他。渐渐地,乐乐和父母也有了一些生疏感。

吃饭间隙,乐乐的妈妈和关系较好的同事吐槽,一位同事也有同样的困扰:"你们家这样还算好的,我们把孩子也是放在爷爷奶奶家,因为我们离老家太远,所以每次都是过年的时候才和老公一起回家,每次回家孩子感觉像是看到了陌生人一样,跟我们一点都不亲,好不容易混熟了,年假也休完了,我们又要回来工作了。每次我们给孩子买了东西寄回老家,孩子才会开心一些。"

另一个同事也说:"把孩子给父母带也是没办法,我家也是,老人不懂得如何教育孩子,孩子有很多坏习惯都是爷爷奶奶惯出来的。老人这么辛苦,又不好对他们的养育方式指指点点,真的是家家有本难念的经!"

2

不可否认,焦头烂额的父母有迫不得已的苦衷,赚钱养家是每个父母都要做的,为了赡养老人,为了给孩子提供生活费,他们必须披星戴月,以物质方式来替代对宝宝的陪伴,但是这样培养出来的孩子会和父母有情感交流吗?很显然是缺乏交流的。

这样的方式也不利于孩子的身心健康发育,因为在身心发育的关键时期,孩子会对母亲产生正常的依恋心理。如果这种心理缺失,可能会导致孩子的其他心理疾病,比如,情绪暴躁,不和群等症状,真要等到父母想花时间来陪孩子的时候,已经弥补不了损失。

现如今,很多孩子表现出冷漠和自私,总是向他人索取而不懂得付出,孩子表现出这些都和家庭教育有关,因为父母关爱的缺失,在孩子的成长当中没有父母的陪伴,再加上沟通的缺乏,无疑会让孩子和父母之间产生矛盾。

其实忙碌的工作和家庭之间是可以调和的,如果实在很忙的话,可以跟孩子解释父母为什么没时间陪他,这样孩子会明白父母的良苦用心。等闲下来的时候,多跟孩子打电话或者视频,多和他们沟通学习情况,用这样的陪伴方式来告诉孩子,父母真的很爱他,很关心他,并没有忽视他。

## 3

如今的生活压力下,房价的高升让父母疲于奔命,忙碌的父母几乎没有时间陪家里人,就连共进晚餐的机会也越来越少,因为要加班完成公司布置的任务。所以好多孩子都是爷爷奶奶或者外公外婆养大的,因为父母没有足够的时间陪孩子,有的家长甚至将孩子送进全托班,等到晚上再把孩子接走,有的家长干脆将孩子送到寄宿学校,孩子一个星期才能回一趟家。

迫于压力，很多家长不得不这么做，这是情有可原的，因为大家的初心都是好的，都是为了这个家，都是为了孩子有更好的生活条件。但是全心放在工作上，失去了陪伴孩子的时间，这是得不偿失的，毕竟孩子的成长只有一次。

这样养育出来的孩子，不愿和父母交流，等到青春期的时候会更加叛逆，那个时候父母再花时间进行管教，就无济于事了。

工作和孩子虽然很难兼顾，但是教育孩子的重任是父母不能推卸的责任，教育孩子的黄金时期更是不能错过。在经济条件允许的情况下，父母一定要承担起陪伴孩子成长的重任，不能觉得麻烦就扔给老人或者放到寄宿学校去，这关系到孩子一生的情感健康与幸福。

在工作与孩子的教育有冲突时，父母再忙，也要抽出亲子时间。就算不能牺牲工作时间，至少应该做到下班之后立刻回家，全心全意地陪伴在孩子身边，尽最大努力把教育孩子的事情做好。

# 老师像妈妈一样，但你才是亲妈

大多数人都赞美老师像妈妈一样，无私地爱着孩子们。虽然老师确实像妈妈一样关心孩子的成长，可是每个班至少有40多个孩子，甚至有60多个孩子。试问，每个家庭只有一个或者两个孩子，父母都感到心力交瘁、无力管教，那老师真能管得了那么多孩子吗？

# 1

毛毛是一个性格开朗的小孩,很喜欢玩耍,总是期待家人陪他一起玩。每次放学之后,毛毛都想让家里人陪他到小区旁边的游乐场玩,可是妈妈要赶回家做晚饭,爸爸又不愿意带他去,回到家就坐在电脑前打游戏,所以毛毛特别失落。爸爸给毛毛买了很多玩具让他自己玩,自己在一旁打游戏。为此毛毛的爸爸妈妈吵了很多次,他们也知道,高质量的陪伴孩子是最重要的,可是偏偏毛毛妈妈没有时间,而毛毛又依赖妈妈。

毛毛过生日的时候,爸爸从超市买回来一个机器模型做生日礼物,原以为孩子收到礼物会非常兴奋,谁知道却被儿子丢在了一边。毛毛委屈地说:"我不要一个人玩模型,我想要爸爸妈妈陪我一起玩。"

"让孩子学会独自玩耍、独立思考。"——仿佛一面御赐金牌,让那些偷懒的父母可以随时随地拿出来,挡住孩子的"无理"要求。在这类家庭中,经常出现的场景就是,孩子一个人闷闷不乐地摆弄着玩具,抑或专注地看着动画片,偶有父母在身边,也只是"人在心不在",孩子不停地叫着爸爸妈妈,希望他们能专心陪伴自己。

与乖乖等待父母陪伴的孩子相反,另一类孩子则用各种极端的捣蛋方式来吸引父母的关注。对那些调皮捣蛋到无法无天的孩子,在父母百般无奈地求助专家时,所得到的答复真的很简单——蹲下来抱抱孩子,用心去聆听他们的心声。

孩子需要很多很多的爱,来构建他的安全感。缺爱的孩子,从小就有一种被抛弃感,无法拥有健康的人格,世界观价值观人生观都会随之扭曲。

养育孩子,是一项非常重要的工作,也是所有父母的重要职责。儿童心理学家说:"照看孩子不仅是一种爱与责任的表现,也是一项职业,就像世界上其他任何令人尊敬的职业一样,它充满乐趣和挑战,需要全身心的投入。"

养育孩子就是父母的终身职业。前半生用心,后半生省心;前半生省心,后半生伤心。如果父母能够用心陪伴孩子成长,孩子将会受益一生。

## 2

很多父母百思不得其解:为什么老师每次布置的阅读任务,自家孩子总是完成得那么艰难,而别人家的孩子却能够轻松完成;自己家的孩子连漫画都不愿意看,别人家的孩子却能看完一部百科全书;自己家的孩子除了玩儿什么都不会,别人家的孩子琴棋书画、舞蹈样样精通……七八岁的孩子差距就已经如此巨大,原因到底在哪里?

如果说别人家的孩子是被迫学习了那么多的科目,那应该天天都是愁云满布、闷闷不乐,可他们看起来却完全是乐在其中的样子。反观自己家的熊孩子,什么课外班都没报过,什么都没逼着学过,却整天一副闷闷不乐的样子。

这其中的差距只有一步之遥,那就是父母的陪伴。

从孩子在妈妈肚子里时,聪明的父母就已经开始对孩子进行全方面的胎教,培养孩子的安全感。孩子出生后,第一时间就能找到自己熟悉的声音，迅速对这个世界建立起信任感，之后每一天的成长中，被父母的爱意包围着，开开心心享受着寓教于乐的培育。

当别的孩子只知道哭闹打滚的时候，他们已经听遍了古典音乐，每天在父母生动有趣的讲故事中甜蜜酣睡；当别的孩子还不会自己吃饭的时候，他们已经拿着纸笔，开始了最初的涂鸦探索；当别的孩子还在玩着过家家、疯跑的时候，他们已经会用乐高拼出一个属于自己的小小世界。

如果你曾经用心陪伴孩子，就能体会到孩子的求知欲望有多么旺盛，他们像一块块巨大的海绵，不停地吮吸着这个世界所有的已知与未知。

在父母的亲密陪伴下，孩子成长的速度是难以想象的。

## 3

孩子一个人玩不是独立，而是孤独，爱需要陪伴。当孩子渐渐长大，你会发现，许多应该和孩子在一起、最亲昵的时光，一旦错过，便再也无法找回。

在国家没有开放二胎之前，很多家庭只有一个孩子。他们从小就没有伙伴，只能和父母一起玩。可是父母要么忙于工作，要么忙自己的事情，根本没有时间来陪孩子。亲子教育最重要的就是陪伴，而这些孩子缺少的就是陪伴。

有关专家做过这方面的研究，孩子的内心是非常渴望交流的，你以为他自己玩玩具是在独处，其实是孤独，家长的陪伴才是给孩子最好的爱。特别是在孩子的幼儿时期，想方设法为孩子提供多元化的环境，引导孩子多观察、多思考，平时就要多引导孩子和小朋友们一起玩耍，学会团队合作，等孩子到了上学的年纪，他们的社交能力就可以体现出来。

家长对孩子的教育比老师对学生的教育还要重要。家庭教育是教育体系当中最为重要的，不能总是期待学校的教育来改变孩子，家长的引导是孩子进步的关键。所以，我们为人父母，应当但起教育他们的责任，并且以身作则，给孩子做一个好榜样，将孩子培养成一个优秀的、对社会有用的人。如果父母没有把孩子教育好，那么，终有一天会后悔莫及。

在孩子成长的每一个关键阶段，父母都应该是主角，不是配角，更不能缺位。

# 世间也有双全法，不负工作不负娃

不敢失业，不敢生病，不敢辞职，不敢出去旅游，不敢胡乱花钱……这是很多职业父母的现状，单亲家庭更是雪上加霜。我们如何能够做到既不负工作又不负娃？

## 1

一部曾经热播的电视剧中，主人公说："每天一睁开眼，就有一串数字蹦出脑海：房贷六千，吃穿用度两千五，孩子上幼儿园一千五，人情往来六百,交通费五百八,物业管理三四百,手机费两百五,还有煤气水电费两百。换句话说,从我苏醒的第一个呼吸起,我每天要至少进账四百,这就是我活在这个城市的成本。"

很多在职且有了孩子的女性,她们根本就没有自己的时间。早上起来给全家人做饭,而且还要给孩子穿衣喂饭,打扮好自己,将孩子送到学校,然后再急匆匆地赶去上班。如果迟到了还被公司财务罚款。一天的头脑风暴后精疲力尽地再去学校接孩子,吃完晚饭再陪孩子玩耍,给孩子讲故事,将宝宝哄睡后,还要充电学习,不然没有工作能力会被职场淘汰。日复一日,年复一年,完全把自己奉献给了这个家。

生活就是这样,要想既有钱又能照顾好孩子,就要"拼爹"又"拼妈"。

## 2

一个妈妈无意从老师那里得知,原来自己的孩子过得并不怎么快乐,也不喜欢和朋友们玩耍,整天待在教室闷闷不乐。

这个为家操劳的妈妈怎么都没有想到自己的孩子有这么严重的心理问题。在此之前,她就发觉孩子情绪不稳定,她还以为是因为考试没有考好的缘故,才导致了孩子的脾气暴躁。当时这位妈妈没有放在心上,以为小孩子阴晴不定,是正常现象。于是她买了很多孩子喜欢的东西放在家里,给他买当下最流行的电话手表和游戏机,她以为这样就可以让孩子快乐起来。

自从得知孩子不合群也不爱交流之后,她实在是想不明白,为什么自己辛辛苦苦为了这个家,为孩子创造最好的条件,孩子还是不满意,还是闹情绪？于是,她忍不住自己的脾气,在孩子面前抱怨了一番,指着鼻子骂孩子没有良心。

估计孩子忍受不了妈妈了, 他也是第一次朝妈妈发脾气:"你每天都哭丧着脸,天天说钱钱钱,从来没有考虑过我的感受,我不要钱,我不要游戏机,只想要妈妈开开心心的,而不是为了钱而烦恼。"说完孩子已经泣不成声。

这位妈妈听后惊呆了,她完完全全没有想到,原来是自己不经意间情绪的传递,影响着周围的人,也影响着孩子的性格。原来,站在她面前的孩子早已经有了自己的思想和情绪, 而自己每天却给孩子这么多的负能量,他怎么可能快乐起来?


虽说情绪是看不见摸不着的东西, 可是它却时时刻刻在我们的身边,开心、难过、兴奋、激动等情绪,这些都感染着周围的人,如果不合理控制自己的情绪,对孩子肯定会产生不好的影响。一个情绪不稳定的家长,也会培养出情绪不稳定的孩子,家长的达观开朗一定会影响孩子,孩子也会成长为一个开朗自信的人。


## 3

在外打拼的家长们,完全可以换一种忙碌的方式,不要忽略了孩子的成长,特别是孩子的心理健康。自孩子出生的那一天起,抬头、翻身、坐爬、站立……孩子的每一次进步与成长都牵动着家长的心,看到孩子的点滴成长,是每一位做父母的最幸福的时刻。

孩子是家里的未来, 家长是孩子的肩膀,只有处理好工作和家庭的关系,孩子才能够健康成长。孩子的茁壮成长是家长努力奋斗的动力,家长的积极向上和吃苦耐劳,是孩子学习的表率。只有自己去迎接挑战,才能创造更多的美好未来,才会带给孩子更美的礼物。

与其在工作之余当孩子的保姆,不如在工作和家庭中当孩子的榜样,就这样,工作带娃两不误,何其快哉!

# 第二课

## 榜 样

——管孩子前，请先管好自己

# 孩子都是父母的"镜子"

你很苦恼孩子说话时脏话连篇？

你不知道孩子为什么玩耍时霸道自私？

你不明白孩子为什么做事粗心大意？

事实上，孩子就像一面镜子，如实地反映着每天和他朝夕相处的人的一言一行。如果你发现孩子有很多问题，请先梳理一下，孩子的成长过程中都有哪些人在参与，有哪些不当行为在影响着孩子？

## 1

很多父母在有了孩子的狂喜之后，随之而来的就是手足无措。我们从小到大上过无数的课，受过无数的训练，但是没有一堂课是教我们如何做一名合格的爸爸妈妈。这些新爸爸、新妈妈无论学历高低、职务大小，面对那个小小的新生命，都是开天辟地的第一次，不由自主就慌了神。

有些对父母深度依赖的，干脆把孩子扔给爷爷奶奶、外公外婆；有些老人无法帮忙的，就把孩子扔给保姆；还有深知教育重要的，开始买来一部部育儿"圣经"，开始照书养孩子。只有极少数父母明白，每一个孩子都是独一无二的，在悉心照料的同时，还要因材施教。

父母是孩子最初的启蒙老师,也是孩子最重要的人生引路人。班主任只能在孩子上学期间帮助他规范自己的行为,但父母的教育却贯穿孩子的一生。

假期里,小可随着父母去餐厅吃饭,正在排队等候的时候,小可的父母听到站在一旁的女儿怒火冲天,冲着一个陌生的小男孩发火:"你走开,这是我和我爸爸妈妈的位置,我们先来的!你不能坐这里。"小男孩没有要走的意思,小可走上前去就冲着男孩打了两下。小男孩立马就哭了,闻声赶来的男孩的父母搞清楚事情的原委后,把小男孩领走了。

小可的父母对孩子的做法很是生气,即便是自己有理,也不能动手打人,况且被打的还是比自己小的孩子。小可父母反思了一下,感觉他们平时可能对孩子没有很温柔地对待,总是用责骂的方式教育孩子。

作为第一教育者的父母,其文化素质、道德修养以及言行举止、接人待物等,对纯洁幼稚且善于模仿的孩子无不产生重要的影响。很多父母蛮横无理,所以自己的孩子也有了同样的性格,在学校里称霸,到处欺负小朋友;但是有的家长就很知书达理、温文尔雅,他们的孩子也表现得礼貌待人。所以说,父母的优良品性和不良习惯都会影响孩子,一个不起眼的坏习惯都有可能在孩子身上放大。有很多年轻父母无知地认为,孩子在三岁以前是没有记忆的,所以交给老人或者保姆带都没有问题,只要在上学的时候自己再多多辅导孩子的学习就可以了。这种谬论的根源在于年轻父母的懒惰,工作忙、没时间、不会带……种种借口让他们心安理得地成为不负责任的父母。

准确地说，孩子的教育从怀孕期间就已经开始了。胎教带给孩子的影响比后期教育更为深远，幼儿期是孩子教育的敏感期，奠定了孩子一生性格的基础。除非有重大变故发生，否则很难有改变。三岁看八十，这句老话人人耳熟能详，作为父母，你真的放进心里了吗？

## 2

飞飞有挑食的坏习惯，每次父母做了满满一桌子菜，他总是挑三拣四，这不吃那不吃。有一次，飞飞在饭桌上对着一盘盘的菜挑挑拣拣，不吃一口，爸爸在一旁怒火丛生："你要是不想吃就出去玩！别在这挑来挑去的，还让其他人吃不吃了？"

飞飞委屈地哭了起来。

妈妈弯下腰，对着哭泣的飞飞问："一定是妈妈做的菜不好吃，对不对？"

飞飞说："妈妈做的菜很好吃。"

"妈妈，我不想吃饭，是因为吃完饭爸爸就逼我去做奥数题，所以不想吃。"

这时飞飞的爸爸妈妈才明白事情的真相，原来是因为每天逼着孩子做不喜欢的事情，而导致了孩子变相的反抗。

实际上，在家庭中，这种事情很常见，有的家长不注意自己的言谈举止和说话方式，导致孩子很害怕和家长交流，对于家长的要求也是无端反抗。渐渐地，孩子的情绪控制能力就会减弱，心理问题也会越来越明显。

如果一个家庭里的每一个成年人都注意自己的说话方式,以柔和的态度和孩子交流,不威逼利诱,不责罚打骂,孩子一定会有一个非常快乐的童年。

## 3

高学历、职务高的父母就等于是素质高的父母吗？并不是这样。

人们常常能看到很多不识字的农民家庭教育出知书达理的孩子,而一些高级知识分子家庭的孩子,却成了"坑爹"的典型。

父母的生活习惯,无时无刻不在影响着孩子的一言一行。家里发生了什么事情,孩子都会在学校跟小伙伴们分享。

某学校一个小男生,因为在家不好好写作业被爸爸暴揍了一顿。孩子满腹的委屈、不满没人可以倾诉,就拿起爸爸的手机,趁爸爸洗澡时拍了一张裸照,并发到了班级群里。班级群里的老师和家长们顿时沸腾了,谴责声不断。后来还是老师打电话告诉了这位父亲,他才知道发生了什么事。之后父亲不断地道歉,请求大家删除照片,总算平息了事件。

教育无小事,正处于逆反期的孩子要通过正确的引导方式去疏导,传统的"棍棒之下出孝子"模式已经被证明是有百害而无一利。

辽宁的一次山火事件,造成了5名登山者死亡。警察破案之后发现,是几名小学生在山下玩火,引发了火灾,酿成了如此严重的后果。由于孩子不满14周岁，无刑事责任能力，所造成的损失由监护人赔偿。

孩子小时候，损坏了别人的玩具，你一赔了之，觉得无所谓；当孩子上学的时候，打碎了学校的玻璃，你一赔了之，觉得无所谓；久而久之，孩子习以为常，最终酿成大祸伤及人命，你还能坐视不理、一赔了之吗？

具备良好的品德，是一个人的立世根本，最好的教育是以身作则，所以孩子最好的老师就是父母，父母的行为和思想时时刻刻影响着孩子，所以育儿先育己，先加强自身的思想道德教育，再潜移默化地灌输给孩子，让他们在生活的点点滴滴当中成长，也为德行兼备的好品质打下了良好的基础。

作为孩子一生的班主任，父母对孩子的影响全面而又深刻。一个人是否拥有良好的家教，很大程度上由他有什么样的父母来决定，而接受什么样的家庭教育，是由父母的素质决定的。

# 别为了达到目的而"骗"孩子

很多家长为了达到目的而骗孩子。

比如说心心妈妈告告诉心心:"你好好学习舞蹈,学好了我就带你出去旅游。"可是等心心学会了舞蹈,妈妈却因为加班没有时间兑现诺言,再比如说航航的家人许诺他:"如果你这次成绩能考班级第一,我就给你买那款最好的游戏机。"可是真等到孩子考到了班级第一,家长又立新目标,要孩子考到年级第一……

这样下去,孩子对家长的话一点都不信任了。

## 1

"曾子杀猪"的故事是我国的国学经典。有一次,曾子的妻子要去集市上买东西,儿子哭闹不已,非要跟着去,妻子哄骗孩子:"你乖乖在家等妈妈,妈妈回来后,杀猪给你吃。"

等到曾子的妻子回到家后,曾子就磨刀霍霍向小猪,妻子笑道:"哎,你这个人,我是跟孩子闹着玩呢!"曾子说:"和孩子说话怎么能言而无信呢?现在正是孩子模仿大人的时候,如果我们不诚信,将来孩子怎么能是个诚信的人呢?"于是妻子就同意曾子把猪杀了。

勿以善小而不为，勿以恶小而为之。每个人若要在这个社会上生存，都必须具备诚信这一良好的素质，如果没有了诚信，这个人也将失去了立身之本。

## 2

很多情况下，人们为了获得某些东西，昧着良心来美化自己，尔虞我诈，相互猜忌、诋毁等，导致很多人都陷入了信任危机。孩子是学习和吸收知识最快的群体，他们如果不诚实的话，会养成很多不良的习惯，自私自利、谎话连篇等。

所以，培养孩子的诚实品质，是家长们的当务之急。家长做到诚实守信，孩子自然也会学习模仿。虽然说孩子还小，他们分辨不清楚什么是真实的谎言，什么又是善意的谎言，但是至少家长要做到对孩子言而有信，答应过什么，就一定要做到，如果做不到，还不如一开始就别答应他，否则这样下去，你会成为孩子眼里的"狼来了"父母，对他的成长没有任何好处，也别指望再用这样的"空心汤圆"来刺激孩子努力了。

# 父母越生气,孩子越不争气

很多人都说孩子天生就是人小鬼大,还不会说话就知道谁是家里老大。在很多家人中,他能准确找到那个说话有分量的人,自然地向他靠近,并且更听他的话。

事实上,孩子并不是真的像大人们说的那样"势利眼"。孩子不知道应该听谁的指挥,但是他能轻而易举地分辨出谁说话是带情绪的。

## 1

小兴和敏优是好朋友也是同班同学。她们经常在一起写家庭作业,今天在小兴家,明天在敏优家。相处久了她们发现,两个人的妈妈性格差异好大。小兴的妈妈是脾气非常暴躁的人,经常一点就炸,搞得家里鸡飞狗跳的;然而敏优的妈妈却是知书达理、温柔贤惠的妈妈。

小兴也特别喜欢去敏优家里玩,因为敏优妈妈的温柔,是她在家里永远体会不到的。小兴的妈妈总是对小兴大吼大叫,对其教育也是填鸭式的,而敏优的妈妈恰恰相反,说什么话都是轻声细语的,素质也很高,而且答应的事情从不食言,所以让人很乐意和她交谈。

很多家长脾气暴躁，并且对孩子大吼大叫，与其说教育孩子，倒不如说是对生活中各种不满的变相发泄。那些常常发火、情绪失控的父母，往往是因为自己无力掌控现状，才会恼羞成怒。

要知道，家长的情绪决定着孩子的态度。如果父母整日控制不住情绪，孩子又怎么会听话？

## 2

萌萌现在已经上高中，住在寄宿制学校里面，这是她对家里人要求的。

她实在不想在家里停留一刻，因为爸爸动不动就在家人面前咆哮。

从萌萌记事起，爸爸就经常和妈妈吵架，一言不合，就把东西摔得到处都是，导致妈妈的脾气也变得越来越暴躁，整个家庭都是鸡飞狗跳的。

有一次，不知什么缘故两人又吵了起来，爸爸的大嗓门吼得整个小区都听得见。事情的起因是妈妈给自己买了一套价格稍高的衣服，爸爸大骂妈妈："以后我的钱你别想拿到，买一套衣服花了千把块，你怎么不上天啊，这个家都是被你败光了。"妈妈一气之下回了娘家，萌萌也不知道如何是好，她只知道听到吵架声，她的脑袋都快炸了。

在学校里，萌萌跟同学的关系也不是很融洽，因为她的情绪控制能力也很差。

孩子不仅情绪感知能力强，而且还有超强的观察能力，有了观察能力就会有学习能力。和"橘生淮南则为橘,生于淮北则为枳"的道理一样,氛围影响着成长,如果整天在愤怒的环境当中成长,怎么能培养出好性格的孩子呢?在这样令人害怕的环境中成长,肯定会给孩子的心里留下阴影,不利于他的健康发展。

## 3

有位妈妈在给八月个大的孩子喂饭,孩子一不小心把饭碗打翻,米糊撒了一地。妈妈生气地紧绷着脸,孩子看到这样的表情,立马呜呜哭了起来。

可见,孩子的情绪感知能力是非常强的。国外的研究人员对一些一岁半到两岁的孩子进行了观察实验。他们让这些孩子在房间里和父母一起玩耍,同时让两个"托儿"在房间的另一头,先用正常的语调聊天,然后再用激烈的语调交谈。

他们发现,大人用正常语调聊天,对孩子们几乎没有造成任何干扰,孩子们依然很投入地玩着他们的游戏。

可是一旦听见有人在大声地、激烈地对话,孩子们马上停止了说笑和游戏,他们有些惊恐地向那两个争吵的人观望起来。随后,当孩子们再听见正常语调的交谈时,他们也会受到干扰,停止正在玩的游戏,分明是"一朝被蛇咬,十年怕井绳"的状态。

一个成年人看到面目狰狞的人都会觉得可怕,更何况是孩子。

因此家长一定要克制住自己的脾气,一个情绪化的父亲或者母亲,在孩子心里是说话没分量的。你越是生气,孩子就越是不争气!

# 不快乐的孩子，一定有不快乐的父母

孩子要什么有什么，为什么还是不开心？

孩子不需要承担生活的压力，为什么还是不快乐？

不快乐的孩子一定拥有一对不快乐的父母。

## 1

想想每天叫孩子起床的你，是微笑，还是满脸焦灼；想想每天跟孩子说话的你，语气是温柔动听，还是烦躁、不耐烦？忙工作、忙家务的父母，是不是每天连一个微笑都吝于付出？在这样氛围中生活的孩子，怎么可能拥有幸福感呢？

快乐其实可以很简单，从一个小小的微笑开始就行了。

我们常说：爱笑的女孩运气不会太差。这话的意思是，有阳光活泼的心态，做什么事情都会很顺利，只要愿意付出自己的微笑，世界上永远没有忧郁的人。

## 2

一次孩子考试回来告诉爸爸自己没有及格，刚刚在单位与人发生不快的爸爸瞬间感到一股怒火。可是，他想到应该理智面对孩子的一些教育法则,他强忍怒气挤出了一个微笑,谁知孩子却哇的一声哭了出来。

　　等妻子回家安抚好孩子后, 孩子抽噎着告诉妈妈:"爸爸笑起来的样子好可怕……"

　　孩子就像一个个透明的天使, 他们天生就拥有感知他人内心真实情感的能力。不是发自内心的微笑与赞美,只会让孩子感到不安。成人世界里的虚与委蛇,在单纯的孩子面前是行不通的。拿出一颗真诚的心去面对孩子,才能赢得孩子的爱与信任。

　　家长一旦被老师提醒教育孩子,心中的怒火就不打一处来,恨不得抓到孩子就是一顿猛打,可还是得克制住并在心里默念:亲生的,亲生的。

　　于是,该怎么教育孩子,是家长最发愁的问题。我们不能用考试成绩来衡量孩子, 关键是专注孩子的兴趣, 每个孩子都有聪明的头脑,孩子最需要的就是我们的鼓励。

　　二年级的豆豆玩心太大,学习成绩一落千丈。老师每次请家长的理由如出一辙,孩子成绩这么差可不行啊,家长要抓紧啊。

　　回到家,豆豆非常害怕妈妈会狠狠地批评他,谁知妈妈把豆豆叫到身边,心平气和地说:"老师今天说豆豆是个很努力的孩子,上课认真听讲,作业按时完成,最近成绩进步很大。"豆豆脸上的恐惧烟消云散,原来自己在老师的心目中并没有那么差,老师还在妈妈的面前夸自己呢。从此之后,豆豆就更加努力学习,一放学就把作业先完成,然后再去玩耍。妈妈看到这一幕,也特别欣慰。

　　每次老师向妈妈告状,妈妈都会给豆豆一个欣赏的鼓励的微笑。

快要升入三年级的时候,豆豆考了非常好的成绩,还被学校选拔去参加比赛。妈妈感觉自己的孩子特别棒,因为她清楚地知道,自己的微笑、自己的鼓励会将孩子的潜力无限地激发出来。

## 3

观察一下身边,我们可以发现,那些阳光自信、充满乐观情绪的孩子们,几乎无一例外地都拥有极其疼爱他们并乐于赞美的父母。

丹丹是在地震当中失去双腿的女孩,在此之前她特别喜欢跳舞,可是逃不过厄运的魔爪。失去了双腿的丹丹对生活失去了兴趣和热情,有好几次寻短见,还好被家人及时救下。

丹丹的父母虽然也一时接受不了命运的安排,但是仍然在孩子面前表现出乐观的态度:"孩子,爸爸妈妈知道你非常喜欢跳舞,可是没了双腿,我们还有胳膊啊,只要你肯练习,我们相信,你肯定是一个非常优秀的舞者。"

有了父母的鼓励,丹丹鼓足勇气自创了独特的舞姿。爸爸拍了视频帮她发布在网上,因此还获得了很多人的认可,吸引了大量的粉丝。

有一次,爸爸接受粉丝的提问:"您是用什么样的方法,让丹丹重新获得自信的?"

丹丹的爸爸说:"上帝为你关一扇窗,一定会为你打开一扇门,塞翁失马,焉知非福呢?只要保持乐观的心情,一切都可以重来。"

丹丹他们一家人的乐观态度影响了众多网友,也感动了很多人。丹丹的父母传达给孩子的,不仅仅是一种快乐的情绪,更是一种积极的生活态度。

　　生活中难免会遇到许多不如意,环顾身边的人,聪明能干的人不少,却很少有生活得十分快乐的,不是对生活不满,便是在追求许多东西的过程中丧失了快乐。快乐的人也许不是出色的人,但却是掌握人生要义的人。他们知道怎样热爱生活,怎样让生命更有意义地度过。他们可能生活得很平凡但却有滋有味。拥有快乐的人是这个世界上最富有的人, 所以父母应该将快乐这种心态植入孩子的心里。

　　正所谓:"人生不如意事,十之八九。"在生活里,当你的孩子遇到不能改变的困难时,就告诉孩子改变自己的心态,让他们给自己装一个"快乐引擎",让他们从日常平凡的生活中寻找和发现快乐,就一定会获得幸福。因为大多时候,"快乐"并不是别人带给你的,也不会凭空从天上掉下来,而是靠自己去寻找。

　　每一位家长,只要努力,都可以拥有一种神奇的魔法,给孩子筑造一个坚实的魔法王国,让孩子在生活中找到自己的快乐。

# 向孩子道歉,并不是丢脸的事情

人无完人,谁都有犯错误的时候,大人也是。父母做错事情后,也应该真诚地道歉,而不是用各种理由掩盖自己的错误,其实有没有错,孩子心里是有数的,找借口开脱错误是很不明智的。

## 1

如今绝大多数家庭都是独生子女,父母不仅是爸爸妈妈,还是孩子的好朋友,平等与尊重是与孩子亲密无间的前提。当父母为了维护自己的面子,犯错之后拒绝向孩子认错,那么,孩子有什么秘密,很难再跟父母分享,孩子的心理活动,父母将很难及时把握。

放暑假了,小雨和爸爸妈妈去森林公园玩耍。在一片漂亮的花圃中,妈妈想站在里面拍一张照片,可是花圃的旁边写着:禁止踩踏。

小雨就跟妈妈说:"妈妈,这里的花是不能踩的,你看这些花儿都被踩坏了。"

妈妈说:"这有什么关系,你看这么多人都踩在上面拍照片,再说了,也没有工作人员管呀。"

小雨急忙说:"没有工作人员在,我们也要遵守规则啊。"

妈妈听了小雨的话,觉得自己的做法确实不对,会影响孩子,就说："好的好的，妈妈错了。"说完就从花圃里走出来，站在花圃外面拍照。

小雨看到后笑着说："妈妈，老师说到哪里都应该遵守规定的，能知错就改就是好妈妈。"妈妈听后，感到有些不好意思，她没想到自己认错还得到了女儿的夸奖。

家长做错事情的时候，也要勇敢承认，并且找到恰当的时机向孩子说对不起。你以为这样是没有家长风范吗？其实这样做是给孩子做了榜样，反而会令孩子尊重和佩服你。反之，如若你固执地不愿承认自己的错误行为，那么孩子会在内心认定"父母可以知错不改，我也可以"。

## 2

有一天，天天的卧室乱糟糟的，乱七八糟的书摆放在地板上，还有很多玩具熊扔得满屋子都是。妈妈看到脏乱的卧室，气冲冲地跑到书房，对着正在学习的天天大骂："你看你把卧室搞得乱七八糟的，跟你说过多少遍了，女孩子要注意卫生，所有的东西都要摆放整齐……"

天天丈二和尚摸不着头脑，自己明明把卧室整理得干干净净啊，为什么妈妈还是生这么大的气？

天天放下课本冲进房间："反正不是我搞乱的！"只见调皮的弟弟在一旁咯咯笑，原来是弟弟跑到了姐姐房间去玩耍，这才把房间里的所有东西都打翻。妈妈这时候对天天没有话说了，只好又气冲冲地凶了弟弟一番。

可这个时候天天委屈地哭了起来："你每次都是这个样子，每次都是弟弟捣乱，你却不问青红皂白就批评我，我是不是你亲生的啊！"

妈妈有点不好意思，但实在是不便跟女儿说道歉，只是说："好好，我知道了，下次我问清楚再发火好啦！"

天天这次没有妥协："我不，你必须给我道歉！必须！"

天天的喊声引来了在厨房做饭的爸爸。问清楚缘故之后，他对天天的妈妈说："你也真是的，你确实冤枉了女儿，你就跟她道个歉不就完了吗？干吗非要在这吵架？"

天天的妈妈很难为情，但最后还是说了："女儿，对不起，是妈妈错了，妈妈不应该没弄清事实经过，就冲你发火。"

几乎所有的父母都会教育孩子，犯了错误，要勇于承认、敢于承认，不要为自己找各种借口。可是，有一个现象就是，家长不愿在孩子面前低头认错，认为认错会让自己没有了威信。要知道父母误解孩子后，孩子内心是多么渴望家长向自己道歉，可是很多爸爸妈妈就是放不下面子。

其实，做错事后向孩子道歉，并不是什么丢脸的事。父母和孩子之间是平等的。如果孩子犯了错，父母肯定是希望孩子能认错的；同样，父母错了，也应该主动选择认错。这样，孩子也会更加尊重和信任父母。同时，父母的道歉，其实也是对孩子尊重和爱的体现。

## 3

"你不是说应该怎么怎么吗？"

"你不是说不能这样吗？"

每当孩子提出这类问题的时候，父母就应该主动反思，错了就赶快向孩子认错，千万别找借口推卸责任。

当父母要求孩子做什么的时候，请换位思考一下，自己能不能做到，自己像孩子这么大的时候是什么想法。己所不欲，勿施于人，如果自己都不可能做到的事情，就不要逼着孩子去实现了。如果自己能够做到，就自己以身作则，认真做好之后示范给孩子看，这样孩子才能心悦诚服地接受父母的要求。

在孩子面前，父母可以是权威的，但父母并不是完美的。是人都会犯错，当父母违背了自己说过的话，也要敢于向孩子承认错误，作检讨，与孩子平等对话。孩子就会感到父母的要求是真实可信的，而不是居高临下的骗人把戏，孩子在履行父母要求的同时，也有监督父母的乐趣，就会更加认真地去执行。

# 宽容孩子，但不是纵容

天下没有不犯错误的人，孩子也一样，而且孩子由于生活的经验不足，更容易犯错误。

父母对于孩子要保有永远的积极心态。当孩子出现错误时，重要的不是训斥孩子，而是与孩子一起分析错误，让孩子认识错误，做到以后知错必改，这样才能培养孩子的自律精神。

## 1

达尔文是进化论的奠基人，曾出版的《物种起源》震动了整个学术界。在他小的时候，他喜欢把各种各样的小昆虫放在兜里，把它们带回家里玩。他怕妈妈发现这些昆虫，所以就把它们藏在一个小盒子里，一次打扫卫生的时候被妈妈发现。

达尔文怕妈妈生气，所以站在旁边一声不吭。

妈妈看了一盒子的昆虫，并没有呵斥他，而是蹲下身子，耐心地跟达尔文讲："你可以喜欢小昆虫，也可以把它们带到家里来，只是不要让它们伤害到你，你没必要瞒着妈妈呀。"

其实，达尔文的妈妈起初也不同意孩子整天跟这些昆虫打交道，因为达尔文总是被虫子咬伤。可是随着年龄的增长，达尔文对昆虫的了解特别深入，妈妈就觉得，自己应该支持孩子的爱好。

达尔文没有想到妈妈这么开明，在家里发现虫子并没有责骂他，反而同意他把这些奇奇怪怪的虫子带回家。后来他成为著名的生物学家，与小时候妈妈的支持是分不开的。

世界上没有绝对的错与对，只是看你站在哪种角度去看待孩子的行为。你可以轻易判定孩子做错了，你也可以换一个角度去欣赏孩子不一样的行为艺术。聪明的父母，会给孩子赏识，鼓励孩子从一件件意外事件中发现不一样的玩法与知识，这样的父母，肯定能收获一个与众不同的最棒的孩子。

## 2

人无完人，谁都有犯错误的时候，孩子也是一样。如果孩子犯了错误，一定要问清楚缘由再教育孩子，不要过度地责骂，不要过度地批评，真正地站在孩子的角度去思考问题，了解孩子这样做的原因，这样就能帮助他改正错误，这样也不会养成撒谎的习惯。如果不问青红皂白，噼里啪啦就对孩子批评一通，孩子会觉得家长不理解他，这样就不会和家长开展正常的交流，性格会越来越叛逆，因此，孩子需要家长的包容。

当然，包容并不等于什么都不管，一味的纵容。

监狱里来了一位母亲，探望刚刚入狱的儿子，儿子见到母亲不禁痛哭流涕，他一边哭一边对母亲说："妈妈，进了监狱我才知道，我有今天都是你害的。你还记得吗？我上幼儿园的时候，一次把别人的玩具拿回家玩，你夸我真机灵，这样就给家里省下了一笔买玩具的钱。二年级我和几个同学去果园里偷苹果，拿回家之后你夸我长大了，知道要孝顺父母了。当我一次次从外面拿回不属于自己的东西时，你从没有制止过我，直到这次我想从珠宝店拿走一串钻石项链送给你……我现在才知道这都是违法的。"

母亲抓着儿子的手，追悔莫及，眼泪止不住地流了下来。

每当孩子做错事情的时候，家长一定要及时指出来。有些家长过度保护孩子，事情错得很离谱的时候，也不会有丝毫的批评，他们认为这是给孩子自身发展的空间，不会过度地干预他们的行为和想法，这是保护孩子的行为。

殊不知，家长这样的做法正是害了孩子，无视错误就相当于无视教育，犯错误的时候是最好的教育机会，有的家长能够及时把握住，有些家长却一味的迁就、纵容，导致孩子养成了非常坏的习惯，严重的有可能危及社会。

## 3

小通是一位初中生，在学校里经常逃课去找外面社会上的一些人玩，生活费不够就去向同学借。老师专门叫来了他的妈妈，妈妈为小通解围："对不起，是我和小通爸爸工作太忙了，没时间照顾他，所以他需要有人陪。"

于是，从此以后，小通更加光明正大地逃课、借钱，到最后，同学们都不愿与他交往。初三的时候，小通考试作弊，又因为借钱不还被校外的人殴打，学校处分了他。此刻，妈妈才后悔，自己对孩子太纵容了。

孩子的过错，都要让他自己学会承担，父母要做的就是帮助他们分析事情的原因，帮助他们寻找改正错误的方法，教孩子妥善处理问题。

如果孩子已经意识到自己的错误，就不要再进行责骂批评，而是对孩子知错就改的行为进行夸奖，这样他们才有动力改正错误。

如果孩子出于好心办了坏事，请家长一定不要责骂他，因为孩子的初心是好的，你应该耐心地告诉他："知道你是出于好心，虽然你将事情搞砸了，但是没有关系，下次不要犯这种错误了。"

宽容与纵容只有一线之隔，赏识与姑息也不可马虎应对。

# 用信任与孩子做朋友

父母与孩子之间绝不能是居高临下的关系，而应是亲密无间的好朋友。成为孩子的知心好友，远比树立权威更重要。

## 1

读初一的女儿，不知从什么时候起，晚上总是神秘地在纸上写什么，一见到妈妈进来，就拖过一本书盖起来。

有一天，妈妈看见女儿神神秘秘地拿着一个小盒子放进了带锁的抽屉里。妈妈不经意地问了女儿一声，女儿神秘地说："这是我的秘密，不能告诉你。"

妈妈心想，这孩子小小年纪就有秘密了吗？她帮女儿收拾房间，发现垃圾桶里有一些被女儿撕碎的纸，妈妈好奇地捡起来拼凑着一看，上面大概写着"如果我是小草，你就是大树……"这样的几句，其余已经拼不起来。妈妈非常吃惊，她脑子里快速闪过一个念头，打开她的抽屉看看，这孩子莫非早恋了？

但妈妈又马上想："不，我相信我的女儿，她不会……就算是早恋了，我也没权利动她的隐私。"

以后几天，妈妈都没有"监视"女儿，仍像往常一样对女儿。依旧为女儿打扫房间,虽然每次擦桌子的时候,都想去看看她的抽屉,但只是想想而已。

这天是妈妈的生日,女儿早早回到家里,帮妈妈做家务,还亲自下厨,炒了妈妈最喜欢吃的菜。吃饭的时候,女儿从房里拿出了一个盒子和一张漂亮的信纸,妈妈非常吃惊,因为女儿手里的盒子正是那天女儿神秘地放进抽屉里的那个。

女儿依偎在妈妈的肩上,拿出信纸,深情地读着:"妈,我爱您,如果我是小草,您就是为小草遮风挡雨的大树……"女儿读完这篇文章后,笑着说:"妈,今天是您的生日,这篇文章是我反复修改后写的,这个礼物是我用零花钱买的,送给您,祝您生日快乐!"

顿时,妈妈全明白了。妈妈非常感动,也觉得对不起女儿,于是把她原来的想法告诉了女儿。女儿听完后,笑着说:"妈,你不是没偷偷翻我的抽屉吗?而且你也仍然信任我,只是'想想'没关系。"

妈妈笑了,得意地笑了,因为她庆幸当初只是"想想"。

## 2

一次旦旦妈带儿子旦旦到农村去探亲,路上看到许多小伙伴都在爬树,一直在城里长大的旦旦从没有爬过树,于是告诉了妈妈他想爬树的想法。虽然旦旦妈担心儿子,但还是不想打消孩子的积极性,也不想让孩子有这样的遗憾,所以旦旦妈就对儿子说:"想爬,那你就去爬吧。放心,有妈妈在这呢。"

于是孩子怯生生地开始爬了,树都不怎么高,旦旦一会儿就爬了上去。

旦旦下来的时候问妈妈:"妈妈,你知道我能爬上去吗?"旦旦妈则说:"妈妈早就知道你能爬上去的。"

这对母子之间发生的事情告诉我们,其实,孩子从懂事开始,便有了自己的思想,有了想尝试的事情,和成人一样,渴望得到认可、肯定与信任。可是,很多妈妈往往忽略了这一点,这也不放心孩子做,那也不放心孩子做。

一位家庭教育专家曾指出,教育的奥秘在于坚信孩子"行",只有这样坚定地认为,相信孩子,孩子才会在父母的认可与信任下,茁壮健康地成长。

## 3

父母与孩子的相互信任是家庭教育获得成功的重要因素。一些教育专家在家庭调查中发现,孩子对父母有特殊的信任,他们往往把父母看成是自己学业、知识上的启蒙老师,言行举止方面的榜样,生活上最亲密的顾问,情感上最真挚的朋友。同时,他们也希望通过自己在各方面的良好表现来得到父母的信任,像同龄的朋友一样和父母平等地、毫无保留地交流。

对孩子信任,做孩子最真诚的朋友,能够激发出孩子内心潜在的巨大动力,让孩子体会到被尊重和认可的快乐。孩子们会在父母充满信任和友好的目光与言语中,一步一个脚印地走向成功,实现他们心中的理想。

给予孩子信任的同时,也能教会孩子去信任他人,因为被别人信任是一种幸福,是一种人生中最可贵的财富。

# 第三课

## 沟 通

——把话说到孩子心里去

# 想唠叨时,请数到30再开口

"唧唧复唧唧,父母太唠叨;

一句说千遍,还嫌说得少。

从早说到晚,从晚说到早;

倒背顺成溜,耳朵磨成茧。"

这首顺口溜,已经成了学生们打趣家长的口头禅。

作为父母,你是不是也中招了?

## 1

就拿说话唠叨来说,大致而言,父母的思想、性格、观念差异和教养方式等,会导致对孩子的唠叨。有些父母觉得"好话不用说第二次",有些父母却觉得,重复是一种"强化教育"。

"我这样说了,他还记不住,我只能继续说,反复说,说到他长点记性为止。"

"一次不听,就说两次,两次不听,就说三次,三次不听就说五次,直至十次八次,只要自己多说几次,他们总会听进去吧。"

结果是:孩子不自觉地就产生了依赖心理——反正有人提醒我,我为什么要记住?

还有一类父母,他们的唠叨并非针对孩子本身,说白了有点像

"日常聊天"，工作上的压力、生活中的不愉快、人际关系的紧张、家庭的不和睦……统统借着唠叨这样的方式发泄出来。当然，小孩子听不懂大人那些事情，于是父母只能借题发挥。题从何来？只能是孩子的学习、生活中"就地取材"了。

明明父母离异，他妈妈就经常这样说他："作业做了吗？语文作业是什么？数学作业是什么？……我也不懂你们的数学题目，要是你爸爸肯管你……现在他不管你，你自己要争气，上个月我们厂里的奖金又延迟发了，但是只要你好好学习，考进前15名，妈妈怎么样也让你读书，对了……你的近视度数怎么样了，做作业不要对着光，把窗帘拉上……抓紧时间，不要磨蹭！"

明明气得大叫："你这样唠叨，我烦都烦死了，怎么做作业！"

## 2

家长想唠叨的时候，最好在心里数数，从1数到30，这样你可能就会很冷静地说话，也能在心中打腹稿，不会讲了一通没有重点的话。

举个例子，当孩子边看电视边写作业的时候，家长一般都是制止的，有的家长会在孩子耳边唠叨："你这样子怎么认真学习？一心不可二用，学要学个踏实，玩要玩个痛快，你一会儿看电视，一会儿写作业，想要写到什么时候？"

这样的说教，会让孩子很反感，对教育孩子起不到任何作用。

如果将以上的絮叨改为："你为什么边看电视边写作业呢？"这个时候，孩子就会思考自己做得对错与否，还有可能将所听过的"科学言论"讲给你听："一心可以二用，这样可以用最少的时间做最多的事。"

这个时候家长应该拿出最科学的例子向孩子证实其错误，与其交换意见，这样的方法相比于唠叨，会更有效果，孩子更乐于接受。

很多情况下，孩子的做法很让人气愤，这个时候家长不要直接批评，更不要在他面前絮叨："你这样做是不对的……"应该让孩子说出他的想法，为什么这么做，原因是什么，让他说出这样做的后果是什么，在家长的循循善诱下，孩子能够明白自己行为的对错。

智慧的家长，会以启发的形式教育孩子，能让他意识到自己的错误。

## 3

对孩子的教育应是全方位的，父母的教育模式也要时刻更新改变，说话方式和说话分寸影响着和孩子谈话的效果。絮絮叨叨的批评，除了使孩子厌烦之外，还会让他变得越来越不愿意和家长交流。

所以，家长们要做到精简语言，以掷地有声的话语教育孩子，要找准和孩子谈话的切入点，找到孩子行为的动机，认清这些后，对孩子的教育会越来越顺利。

# 别"倚老卖老"，让孩子信服而不是压服

大人说话，小孩子不允许插话；

大人说什么孩子就听什么，不允许顶嘴；

小孩子懂什么，不准随便发表意见！

……

几千年的传统观念根深蒂固地深植在某些父母的脑海里，甚至变成了一种本能。他们不看育儿书，不愿与不同想法的父母交流育儿方法。他们理所当然地认为，孩子小见识少，阅历浅尚不成熟，只要奉行父母之命就对了。

这其实是一种极不平等的观念，不但不利于和谐的亲子关系的建立，而且不利于孩子心智的发展。

## 1

明慧是一家企业的工会主席，处处争强好胜，她对自己的家人也是高标准严要求。她希望自己的孩子能够成绩优异，希望自己的丈夫在工作上更上一层楼。可是她越是期望，失望就越大。

女儿正处于青春期，做什么事情都很叛逆，成绩在学校里还算不错，但还没有达到明慧的要求。明慧对女儿的叛逆行为十分不满，每

次见到她都会数落一通。这样的沟通方式，女儿不但不会听，反而会和明慧争辩，性格变得越来越叛逆。

可是明慧爸爸的教育方式却和她截然相反，爸爸选择鼓励孩子的方式，因为女儿的成绩确实不错，只是现在处于青春叛逆期。丈夫跟明慧交流了关于教育孩子的事情，明慧大为吃惊，原来自己的教育方式一直都是错误的，在此之前，她根本不听老公的话，每次都硬生生地给孩子灌输她自己的思想。

这次，她耐心地坐在女儿身边，仔细地问她在学校里遇到的事情和最近的困扰，询问了在学习方法上是否要调整。

女儿难得见妈妈这样温柔，也心平气和地坐在桌前与她交流，谈一谈最近所遇到的事情，谈一谈学习上遇到的问题。明慧从指责变成了关心，从呵斥变成了询问。母亲的爱，慢慢渗透进孩子的心里。这样的交流，使得母女都很舒心。

## 2

心理学家经过调查研究得出这样的结论，在反抗期，能同父母进行真正争辩的孩子，将来会比较自信，也富有创造力。

心理学家认为，孩子的语言能力和参与意识的提升，是他与人争辩的主要原因。在整个争辩当中，孩子能对周遭环境进行思考和分析，能够从大脑中调取词汇进行表达，通过整合词汇表达自己的欲望和观点。这样的争辩能够刺激孩子语言能力的发展，有些家长以为这是对长辈的挑战和不尊，其实这正是孩子提升逻辑思维能力和辩论技巧的关键时期，对孩子语言能力的发展极为重要。

有关学者认为，争执能够使孩子自信和独立。在争辩中，孩子能够自如地发表自己的观点和看法。此时的他是备受关注的,这是他表达自己意志的机会,也是表现自己的机会。

争辩的过程中,孩子可以表明自我意识,展示自我性格,大胆地走自己的路。因为在争辩当中,更能激发孩子的表达欲望,如果能将家长说服,孩子会从内心有成就感。

聪明的父母不会将自己的想法强加给孩子,他们尊重孩子发表言论的权利,给孩子提供一个良好的交流环境。


## 3

很多家长在孩子面前特别强势,即便是好心地关心孩子,也演变成了审问,比如说以命令的口吻问孩子:"过来,跟我说说你最近的学习情况!"以这样的姿态交流,孩子肯定不乐意,更不愿和家长交流。这种情况下,孩子会想:"爸爸妈妈又要找我麻烦了。"

孩子在父母面前没有话语权、没有选择权、没有隐私权,久而久之,在孩子心里,父母从最亲近的人慢慢变成了最需要防备的人。这样日渐疏远的亲子关系一旦产生,无论是父母还是孩子都会痛苦不已。父母全心全意地爱着孩子,却亲手把孩子越推越远,走进"怪圈"的父母和孩子,却怎么也找不到出口。

我们要尊重孩子跟家长争辩的权利,不要自以为是,不要轻易地打断正在说话的孩子。家长需要以理服人,因势利导地进行教育,而不是不明原委地对他们大吼大叫。

在争辩过程中,孩子的言论是正确的,那么家长就应该尊重孩子的意见。如果他的言论是错误的,家长一定要厘清事实,给孩子讲道理,不能倚老卖老压服孩子,而是要拿出事实,让孩子信服。

# 言路十八弯,与孩子沟通有技巧

很多父母在与孩子的沟通上已经出现了问题,对抗与言不由衷,充斥在日常的生活中。因为不知道孩子每天在想什么,孩子真正想要什么,沟通起来就会难上加难。

在这种情况下,父母就需要细心领会孩子委婉的"弦外之音"了。

## 1

作为家长,千万不要小瞧自己的孩子,他们是很机灵的。

不知道从什么时候开始,孩子竟然学会了"拐弯抹角"地说话……

场景一:

爸爸对女儿说:"不要看电视了!"

女儿回答:"老师说,偶尔看一看电视,对想象力的培养是有帮助的。"

爸爸停止手上的活儿,答道:"那也要先把作业写完。"

场景二:

放学后,爸爸来接儿子,在校门口看到一个小朋友拿着一个冰激凌吃得津津有味,儿子看到后,天真地望向爸爸:"爸爸,那个小朋友手里拿的是什么东西啊？"

场景三：

欣欣走到自己喜欢的肯德基门口,对着爸爸说:"爸爸,我饿了。"

爸爸说:"那我们回家吃饭,妈妈在家等我们呢。"

听完这句,欣欣失望地看了一眼肯德基,跟着爸爸回家了。

孩子想看电视,却不说自己想看,只说老师讲过可以偶尔看电视;孩子想吃冰激凌,不跟爸爸说很想吃,而是特意提醒爸爸别的小朋友在吃;欣欣想让爸爸带她去肯德基吃饭,可是爸爸没有领会到孩子的意思。

孩子也是要面子的,很多情况下不好意思直接说出自己的需求。

家长要在孩子的成长过程中,听出他们的"弦外之音"。

## 2

说起"弦外之音"这件事,并不是孩子出了问题。究其根源,大部分问题还是出在家长的身上。当孩子还小的时候,很多父母全天候围着孩子团团转,常常很骄傲地向别人炫耀自己带孩子多么精细:孩子一伸手就知道他是要吃的还是要喝的；孩子一转身就明白他是对什么感兴趣；孩子一个眼神就了解他准备做什么。

当家长沾沾自喜于和孩子"心有灵犀一点通"时,孩子也没有了语言沟通的兴致,他只会觉得爸爸妈妈爱自己就知道自己的所有想法。

孩子渐渐地长大,活动的范围越来越大,特别是上学以后,父母常常无法及时有效地掌握孩子的生活细节与想法。这时,孩子还是习惯性地依赖父母、信任父母,在他发现父母无法及时领会自己的想法时,也会善意地提醒父母自己的需求,更多时候,父母却没有及时地领会孩子的"弦外之音",大多数孩子会表现出不开心。

<h2 style="text-align:center">3</h2>

点点6岁了,正在上幼儿园大班,妈妈每天下班都要去学校接点点。有一天,老师对点点的妈妈说:"点点不太合群,他不喜欢和别的小朋友玩耍,别人也不愿意和他一起玩,因为他经常和别人争玩具,老师要求一起出去玩,他也不乐意。"

点点的妈妈听后很奇怪:"为什么我每次来接他的时候,他的情绪都很好呢? 我感觉他在幼儿园里玩得很开心的样子呀!"

于是,点点的妈妈在回家的路上问:"点点,你在幼儿园里玩得开心吗?"

"开心,但是小朋友们都不愿和我一起玩。"点点答道。

"为什么呢,那你主动找他们呀?"

"哼,他们不找我,我才不找他们呢!"

遇到点点这样的孩子,做父母的应该怎么做呢?

当孩子说"妈妈,他们都不愿意跟我玩"的时候,很多妈妈都会说:"他们不跟你玩,你可以主动找他们玩呀。"但是,这时候,孩子往往会进行反驳:"我就不跟他们玩,谁让他们不跟我玩的。"妈妈爸爸这样说,不但不会消除孩子的烦恼,还会引起孩子的不快。

如果能够体会到孩子"弦外之音"所表达的心情,当孩子发现自己被妈妈理解了的时候,他会感到很欣慰。这时候,妈妈可以说:"哦,他们不跟你玩,你很生气?""他们为什么不愿意跟你玩呢?""他们都喜欢跟什么样的孩子玩呢?"一步一步地引导孩子说出自己的观察与体会,再给孩子提供具体的建议与帮助,才能很好地引导孩子向着积极阳光的方向健康成长。

很多情况下,孩子并不会直接表达出自己的想法,很显然,故事中的孩子很想和其他小朋友玩,但是却表现出不屑一顾的样子。很多爸爸妈妈不知道孩子什么时候学会了"口是心非",所以不会真正明白孩子的内心所想。

一旦发现孩子有了这样的表现,我们不用担心孩子"学坏了",相反,我们应该为孩子开心,因为他有了自己的思考能力,他的思维活跃度开始大大加强。

作为家长的我们,一定要以平常心对待孩子的"言路十八弯",问明白孩子的真正想法,积极地和他们探讨问题的缘由,只有这样才能实现亲子之间的沟通目的。

# 来自父母的嘲笑,是孩子一万点的暴击伤害

父母最大的错误,莫过于打击孩子的自信心,千万不要对孩子说:"你真笨!""我看你没救了!"

对于孩子来说,来自的父母的嘲笑与讽刺,相当于遭受了一万点的暴击伤害,而父母公开的嘲笑与讽刺,更是刺穿孩子自尊的一把利刃。

## 1

明明是一个勤奋刻苦的员工,但是每次业务都不能按时完成,而且结果并不能使领导满意。小时候,他是一个追求完美的人,每件事情都做到极致,导致做事效率低,每天作业都要做到很晚,导致第二天没有精力上课。日复一日,明明成为班级很努力但是成绩却很差的学生。

然而明明邻居家的小朋友却聪明伶俐,每次考试都能考取年级前几名的名次,所以父母总是对明明说:"你太笨了,天天看书还学得这么差,你看看邻居小朋友每次都考得这么好。"明明听后很失落,父母都对他有嫌弃的表情,他更为沮丧。

自此之后,他做什么都没有自信。高中没有毕业就出来工作。这几年,他换了很多个公司,但每一份工作都做得不好。

## 2

冬梅是一个懒惰的姑娘，每次写完作业，把书本放在原地方，不会把它收拾了放进书包里，因此，经常忘记把家庭作业带回学校。她也不爱打扫房间，每次都将脏衣服、脏袜子到处乱扔，妈妈说她是一个懒惰的孩子。

在学校里大扫除，冬梅也不想主动去打扫卫生，懒洋洋地在走廊里面溜达，被班主任发现了好几次，可是冬梅仍然不改。因此同学们和老师都说："冬梅是个懒孩子。"

冬梅对"懒惰"这个评价已经习以为常了。她说："反正大家都知道我很懒，也没有改正的必要了。"

其实，造成"懒惰"的坏习惯的原因有很多。家庭因素是主要原因，教育环境对孩子性格有非常大的影响。例如，家长不会监督孩子做家务或者整理作业，一手包办家里所有的家务，家长过分娇惯孩子……究其原因，就是家长的教育问题，不能责怪孩子太懒惰。若是张口闭口"你是个懒惰的人"，那就更是强化孩子的自我意识，使得孩子越来越懒惰。

家长没有及时鼓励孩子改正坏习惯，而是和别人一样选择用语言攻击孩子，这样会使孩子更加没有信心去改正。

## 3

世界上没有完美的人，即使大圣人孔子也深知自己不可能事事精通,常提醒自己和学生"三人行,必有我师"。在我们的孩子身上,必然会优点与缺点并存。

有很多家长,发现孩子身上有缺点,唯恐天下人不知,跟其他人聊天的时候,总是将孩子的缺点加以挖苦和嘲笑,用嬉笑的话语去数落孩子。殊不知,当孩子听到这些话,内心是多么尴尬和失落,虽然父母的本意是激励孩子,让孩子改正缺点,然而这种方式不但无法改变孩子,还会让孩子的坏毛病变本加厉。

人人都会犯错,都会有失败的时候,失败带来的挫败感足以使一个人自责和沮丧了,这时候如果能有一声安慰、一个拥抱,简直就是雪中送炭。家长们如果做不到雪中送炭,那也不要雪上加霜,我们要鼓励他,让其重拾信心,不然的话,父母的嘲讽,孩子会铭记于心,直到成年还无法忘怀,甚至有极端的,还会埋下仇恨扭曲的种子。

"你不凶他,他就不改,教育孩子还是要多骂骂。"很多家长都这么认为。因此,他们教育孩子的时候,情绪很激动,把所有愤怒的话冲着孩子讲一遍。

是的,孩子应该很惧怕父母发脾气,但是这样并不能使他们改正缺点.家长的责备、数落都会使孩子受挫,使其丧失信心.孩子每次听到家长的责备,就会产生反抗心理。一而再再而三地这样,导致陷入了"打骂也不改正"的局面。

如果你想收获一个自卑的孩子,请随意嘲笑他、讽刺他!

如果你想收获一个自信的孩子,请不要嘲笑他,也不要讽刺他!

# 爱我你就夸夸我

"爱我你就抱抱我,爱我你就亲亲我,爱我你就夸夸我。"

当这首儿歌用软软的童音唱响千家万户时,不知温暖了多少冰冷的心灵。孩子天真无邪的声音,诉说着他们心底最真实的渴望。作为父母,我们接收到孩子爱的信号了吗?

## 1

刘薇是二年级的班主任。上个学期,她的班上新转来一名女生小雨。

刚到班上的时候,由于小雨的基础比较差,所以经常会说:"老师,我不会。"刚开始的时候,刘薇觉得很正常。可是,几次下来,刘薇发现小雨总是这样说。

刘薇开始有意无意地观察她。对于一个刚开始学习画画的小女孩来说,小雨已经画得相当不错了,可她每次都会对老师说:"我不会。"刘薇很纳闷。

不久后的一天,刘薇找到了其中的原因。

刘薇通过和小雨聊天得知:小雨妈妈从来都不表扬她,从来都不会将她的画贴在家里的墙壁上。几天之后,当小雨妈妈来接女儿回家的时候,刘薇找了个机会跟她聊了聊。

刘薇问小雨妈妈："您觉得小雨现在画得好吗？"

小雨妈妈说："还好，我也不是很懂画，但是亲戚朋友说她画得一次比一次有进步。"

刘薇又问："既然她有进步，那您为什么不表扬孩子一下呢？"

"老师，我觉得小孩子不能夸，一夸怕她会骄傲。再说了她肯定也不是画得特别出色。"小雨妈妈谦虚地说。

刘薇说："其实，我觉得适当地鼓励鼓励孩子是必要的。小雨在绘画方面很有天赋，从她的年龄来看，已经画得很不错了。您应该鼓励一下她的进步，给她更多的信心。"

小雨妈妈顿了顿说："好吧，我回去试试！"

过了几天，小雨妈妈跟刘薇说："那张画已经被我贴在了家里的显眼处，家里的亲戚都看到了，小雨很高兴。"

果不其然，在这之后，小雨的情绪比以前好了很多。画画的进步很大，下笔也慢慢熟练起来。

每个人都希望能够得到来自外界的肯定，不分年龄、不分性别，那是我们继续努力的最大支柱。而来自父母的赞美与鼓励，无形之中会为孩子建起一道厚厚的保护层，为他带来坚实的安全感。

即使在外面遭到别人的质疑，只要有父母的鼓励与赞美，孩子就有了继续拼搏的勇气。这对孩子的健康成长至关重要。

## 2

妈妈每次要带金妮去奶奶家，金妮就特别兴奋，她会以极快的速度收拾好一切，拿着东西等着妈妈。可是只要得知妈妈要带她去外婆家,金妮的情绪就一落千丈。

原来金妮在奶奶家和外婆家判若两人。

金妮每次在奶奶家,都会得到奶奶的表扬,奶奶总是说:"这么好的小孩子真是少见,小小年纪就已经很懂礼貌了。每次吃东西的时候,她都知道分给爷爷奶奶。"

可是金妮到了外婆家却是另一番景象。

一进门外婆就开始唠叨:"哪有你这样淘气的小女孩啊,男孩子捣蛋还可以理解,女孩子整天搞恶作剧像什么样子?"

奶奶总是夸金妮,于是,听到表扬的孩子就会按照表扬的那些内容努力做事,所以越夸越好,因此在奶奶家,金妮就是好孩子;而到了外婆家,却总是被训斥,金妮就会故意向着外婆训斥的那些内容上发展,所以越骂越糟,因此在外婆家,金妮就成了"坏孩子"。

大多数孩子都是这样,当你夸奖他,他就会产生极大的荣誉感,为了维护自己的荣誉感,当然要做更多的好事;当你用厌恶的话去批评他,胆小的孩子会产生浓重的自卑感,怀疑自己什么都做不好,而胆子大一些的孩子,就会处处与大人对着干,用更坏的一面去针锋相对。

每一个人都是矛盾的综合体,善与恶同时生长在我们的身体里。所谓教育,就是引导人们积极发扬善的一面好的一面,能够认识到恶的可怕进而远离坏的一面。

作为父母,用赏识教育多多赞赏你的孩子,他就会按照你心目中的形象和标准来要求自己。多多鼓励孩子,多向孩子的头脑中灌输他是好孩子,他是最棒的,那么他就会自然而然用这个标准来规范自己的言行。

## 3

父母对孩子的爱与赞美,是孩子自信心最大的来源。有了自信,就可以让孩子有勇气去克服未知的困难,努力进取,获得积极快乐的人生。

对待成长中的孩子,要学会发现他们的每一个优点与长处,并用各种理由去赞美他。作为父母,一句简简单单的赞美,一个温和肯定的眼神,都能带给孩子无穷的自信。

无论多忙,每天回到家里,对孩子说一句赞美的话,让孩子开开心心地进入梦乡,看到孩子睡梦中露出的微笑,不正是父母们最快乐的时光吗?

# 选择性闭嘴,此时无声胜有声

在适当的时候,父母的沉默不语能让孩子更深刻地反思己过。

大爱无言,如何对孩子施"不言之教",实在需要父母的大智慧。

# 1

俗话说:"沉默是金。"沉默在家庭的教育当中具有重要的作用,如果家长适当运用沉默这一方式,能起到更加好的作用。

王先生热爱花草,在家里种了很多兰花。一个周末,他和妻子有事情要出远门,而天气预报说周末要下暴雨。王先生于是叮嘱13岁的儿子,在下雨前,一定要把阳台上的兰花搬进客厅。

等王先生回来的时候,他傻眼了,原本漂亮的几盆兰花被风雨打得"体无完肤",原来,儿子一看预报中的雨迟迟不下,就出去找小朋友玩了,没想到儿子才走了没多久,天气突然变了,暴风骤雨。儿子想到爸爸的叮嘱,很着急,但雨下得那么大,他也无法回家,只好在小朋友家等雨停,回家后,兰花已经来不及抢救了。

"你知不知道这些兰花费了我多少时间和精力?!"王先生非常愤怒,准备狠狠惩罚孩子一下。

儿子委屈的眼泪流了下来:"对不起,爸爸。"

此时,妻子急忙跑过来说:"我们是在养儿子,不是在养花,你别这样对孩子说话。"

听了这句话,王先生变得平静下来。

的确,相比这些花,孩子的身心健康更重要,更何况儿子已经低头认错了。

"我们是在养孩子,而不是在养花。"这句普通的话如雷鸣一般地震撼着我们的心,让每一个做父母的人不得不思考——是一些身外物重要,还是孩子的身心健康更重要?

为人父母必须明了孰轻孰重,孩子以及他们的自尊比他所破坏的任何物质的东西都要重要。

比如,被球砸碎的窗户,被孩子不小心碰倒的灯以及掉在地上的碟子,等等,都已经破了,再责备孩子又有何用?我们必须记得不要因为一个无心的错误而伤害孩子的自尊心,不要让他们充满活力的感受变得麻木,不要因此再增添更大的损失。

## 2

著名作家莫言讲述:"1995年,笑笑13岁,和母亲一起离开山东,随我来到北京生活。女儿笑笑此时已长成一个渐渐褪去天真的大孩子了,在北大附中初二年级插班上学。对女儿青春期的成长,和天下所有的父亲一样,我也是密切关注的,但有所不同的是,我对女儿的疼爱和关心更多的是不张扬、默默无言,甚至有的时候,这份父爱是深埋在平静的外表之下的,轻易不会表露出来给外人看到。

"如今,女儿长大了。有人问我,为何能教育出这么一个既优秀又感恩的女儿,我能说的是:'大爱无言,沉默也是一种教育。'"

关于教育女儿的经验,莫言回答说:"我是一个不善于表达的人。虽然很疼爱女儿,但女儿小的时候,我和女儿的关系就像是两株彼此相邻、默默生长的植物,而我只是顺应女儿的天性,让她快乐地成长。"

沉默的教育方式,并不是说对孩子放养,任其胡作非为,而是以"沉默无声"的行为教育孩子,让孩子在父母的沉默中感受到良苦用心。

陶行知先生在育才学校任教时，班内的一个女孩在考试题中少写了一个标点，结果被扣了分。试卷发下来后，她偷偷地添上了标点，来找陶老师要分。当时陶先生虽然从墨迹上看出了问题，但是并没有挑明，而是满足了女孩的要求。

不过，他在那个标点上重重地画了一个红圈。女孩顿时领会了老师的意图，惭愧不已。多年以后，女孩已经成人成才了，她找到陶行知先生说："从那件事以后，我才下决心用功学习，做个诚实的人。"

陶行知虽是沉默，可还是将孩子的错误巧妙地指出来，不仅达到了教育的目的，而且还为学生保留了面子，这样反而更能促进孩子的成长。如果因为一个标点的问题，陶行知非要明确指出："你这个是现在写上去的，还好意思找我改分数？"这种话说出口，肯定会伤孩子的自尊。

## 3

很多情况下，家长批评孩子，会歪曲事实，过于贬低孩子，从而令孩子厌恶家长的说教，使得孩子特别反感和抵触。如果用"沉默"的方式教育孩子，反而更能达到教育孩子的目的。

家长教育孩子的时候选择沉默，可以让自己更好地厘清思路，根据孩子的反应进行教育。家长和孩子都可以理智地解决问题，达到最佳的效果。

沉默，是一种以静制动的方式，达到"不令而从"的效果，孩子不易因此心生叛逆。

# 今日事今日毕,不做"祥林嫂"式父母

祥林嫂式的谈话方式每个人都不喜欢,可为什么我们还会不知不觉地用到孩子身上呢?

建议每次跟孩子谈话时,都主动录音,回放时听听自己的话,是喜欢呢,还是不喜欢呢?

## 1

以下是一对母子的谈话。

"你到哪里去?"

"和朋友出去。"

"到底和谁去?"

"小学的老同学淘淘、晨曦和小刚。"

"小刚?是不是在毕业前出事的那个小刚?"

"老妈记性真好。"

"我告诉过你,不要和小刚来往。那孩子太捣蛋了,差一点被开除。上次你们几个就是因为他,差点闯大祸。你们这次去哪里?"

"我们去商场。"

"不买不卖到商场干什么?"

"不干什么,就是逛逛。"

"简直是浪费时间!年轻人不在家好好学习,到处闲逛,再加上那个小刚不出事才怪呢。你功课做完了没有?上次考成那个样子还好意思出去闲逛。"

"老妈,有完没完? 你想象力真丰富,不就是出去玩吗? 你烦不烦?"

"你听着,给我说话放尊重点。老老实实早点回来,要不然有你好看的。"

这样的对话可能在很多妈妈和孩子身上都发生过。在有些妈妈看来,这也许正是个批评教育孩子的好机会,可这样的教育效果会好吗?正如对话中的儿子所说的,不就是出去逛逛吗?本来就是件小事,却被妈妈上纲上线,弄得这么复杂。复杂化的主要原因是妈妈没有做到就事论事。如果妈妈意识到无限的引申只会影响母子之间的关系,这位妈妈肯定会控制自己的联想。

## 2

孩子最厌恶父母只要他一犯错误,就把陈年老账翻出来。

有的父母,一旦孩子犯了错误,就把前几个小时、前几天,甚至是前几个月的错事都搬出来:"你说你这孩子,上个星期上课不好好听讲,挨了老师批评,昨天作业错得一塌糊涂,今天作业还没做完就开始看电视……"惩罚教训孩子时,他们总忘不了东扯西拉,说出孩子的种种不是来,有的甚至将孩子说得一无是处,直至很多父母到后来自己也忘记了本次教训的主题。

孩子会怎么想呢? 反正自己没有一处是对的,以前取得的成绩、改正的缺点父母都看不到,自己天生是挨训该罚的料,有的甚至认为父母是在找茬整他……也因此对改错失去了信心,破罐子破摔,我行我素,这样的教育效果可想而知。

所以,教训惩罚孩子务必就事论事,切勿搞牵连、翻陈账。

某母亲一直希望儿子当个三好生, 可儿子读到小学二年级还是没当上。当儿子取回成绩报告单交给她时,她一看成绩很好,老师评语也不错,就是上课做小动作的缺点老不改,于是很生气,数落了儿子一通,指责他有缺点不改。儿子听了坐在沙发上哭起来。

过了一会儿,儿子让奶奶送本书给妈妈看,书中讲有两个小组参加竞赛,预赛时甲组有位同学出了差错,于是大家就批评他,那位同学很紧张,决赛仍然出错,甲组因此失利;乙组预赛时也有位同学出了差错,可大家都鼓励他,结果决赛时那位同学再也没有出错,乙组赢得了竞赛的胜利。

妈妈看完这本书,心中不免吃惊:儿子长大了,这不是在教育我该怎么做吗? 于是,她来到儿子身旁问儿子还有什么话要说,儿子说了一句:"我们班里的三好学生,他们的妈妈都是五好家长。"做妈的听懂了,从此用关心代替指责,身教重于言教。等儿子上到三年级时终于捧回了三好生奖状。

3

"今日事今日毕",在批评孩子的时候这句话同样有效。重复无效的批评对于素质教育来说,有百害而无一利。有经验的父母,在教育孩子时,会懂得实事求是、就事论事地与孩子平等对话,而不是一味地指责。

给孩子尊重的对话,其实也是家长们为自己树立正面形象的好时机。


# 听孩子说说自己的想法吧


生活中,很多父母都会犯下同样的错误:当知道孩子遇到问题的时候,有些父母不是说"怎么回事?"就是说"你怎么搞的?"接着,马上就会给孩子提出一大堆的建议。

于是,在和孩子沟通的过程中,家长总是滔滔不绝,孩子总是缄默不语。因为,他们说了,父母也不在意。


## 1

做家庭作业的时候,晴晴不开心地对妈妈说:"妈妈,我的钢笔不见了。"

"你就是不改随手乱放东西的毛病,肯定是你自己搞丢了。"妈妈漫不经心地说。

"昨天我把它放在文具袋里的,怎么去了趟学校就没了呢? 一定是被偷了!"晴晴生气了。

"那也不能说你的钢笔被偷了!肯定是你自己没放好,怪谁?"妈妈的声音也提高了八度。

晴晴非常委屈,此时,爸爸过来了,听了女儿的诉说,问:"你确认不是自己弄丢的,是别人偷的吗?钢笔丢了可以再买,冤枉人就不对了。"

晴晴迟疑了一下:"要不,我再找找看吧。"

"好的,爸爸陪你找。"

最后钢笔还是没有找到,爸爸说:"明天爸爸给你重新买一支钢笔,但是,下次,你要记得把东西整理好,不然又找不到了。"

"好的,我记住了,谢谢爸爸!"晴晴很开心。

晴晴的妈妈每句话里面都是责备和埋怨,然而她的爸爸是引导孩子思考自己的问题在哪,孩子最终明白只有将东西放好,下次才不会丢。

短短的几句话,两种不同的说话方式,教育效果竟然有如此大的差距。

## 2

小美有一双大眼睛,白皙的皮肤,还有肉肉的脸蛋,很多小朋友都很喜欢她。可有一天放学回家,小美哭着对妈妈说:"我们班的一个女孩告诉我,她很讨厌我。"

小美的妈妈问:"为什么呢?"

小美气呼呼地说:"我怎么知道呢,我和别的小朋友玩得好好的,她就走到我面前说讨厌我。"

小美的妈妈放下手中的活儿说："你是不是做了什么事情，惹到了这个小姑娘？"

"没有啊，我只是把姑姑给我的糖分给了小伙伴们，但是糖太少了，没有她的。"

"所以她才说讨厌你是吗？"

"嗯，应该是这样，我想给她，可是没有了呀。"

"没关系的宝贝，妈妈明白你的意思，你是个很乖很懂事的孩子，等下次有好吃的，我们再分给小姑娘就可以啦。"妈妈安慰着小美。

倾听是需要技巧的。

每当孩子向你诉说的时候，父母一定要放下手中的事情，安静地听听孩子的心声，并且要及时对孩子的情绪作出回应。积极的响应，能让孩子更愿意和家长交流。

## 3

希希和妈妈在客厅里摇动着呼啦圈，希希摇到兴头上转了个圈，可正是这一转圈，希希的腿撞到了桌角处，只听哇的一声，希希的小腿鲜血直流。

妈妈急忙把希希抱起来，发现只是破了一层皮，还好没有伤到骨头。

希希泪流满面："妈妈，我会不会死啊？"

妈妈哭笑不得："擦破了一点皮而已，不要怕。"

"那会不会留疤，会不会很丑呢？"

"放心吧，不会的。"妈妈一边安慰，一边把希希抱到沙发上休息。

没过多久,希希的情绪平稳了很多。

和孩子的沟通过程中,父母的倾听和理解是很重要的。孩子有话可说,讲述的欲望就会增加。孩子讲述得越多,越有助于父母了解孩子的学习、生活情况。

所以,好好听孩子说说他的想法吧!

# 下班回家后,有话好好说

当孩子拿出一张60分的考卷要你签名时,你会怎么做?

当孩子跟你抱怨"不喜欢爸妈这么忙碌"时,你会怎么回答?

当孩子又打碎了一个新买的花瓶时,你会怎么处理?

## 1

大多数父母不会因为孩子没有刘翔跑得快,就把他暴揍一顿;也不会因为孩子没有姚明长得高,就每天唠叨个没完;更不会因为孩子没有爱因斯坦聪明,就痛心疾首地认定他是个笨蛋。

可是,当孩子拿着60分的试卷来到我们面前时,绝大多数父母都会立刻晴转多云,进入战备状态。更有甚者,有些孩子拿着98分的成绩,还要被父母质问为什么没有得到满分。

如果你自己正是这样苛刻的父母,请立刻惩罚自己面壁思过半小时,认真反思如何正确面对孩子成长过程中多如牛毛般的瑕疵。

如果将现实翻转,由孩子每天拿着放大镜寻找父母的缺点与失误,可能会有很多家长都达不到及格线。

## 2

小薇是一个从小就很认真、努力的孩子,是我们常常羡慕的"别人家孩子"的典型。因为成绩优秀,她成功地通过了层层考核,拿到了出国留学的通知书。

在离开家的前一段时间,她妈妈就想找机会和女儿好好聊一聊心里话,但是小薇却一反常态,简直是上演了"河东狮吼",将自己有生以来的委屈梨花带雨地倾倒出来。家人的冤枉,父母的不理解,就像一笔笔账一样,她全部都记在了心里。妈妈大吃一惊,一向乖巧懂事的孩子,心里怎么记了那么多仇?在她看来,这些都是小得不能再小的事情,甚至很多事情她早就忘记了。

的确,家长可能是"说过就忘",但是孩子敏感的心上,日积月累的阴影不是那么容易消除的。

孩子虽然是父母孕育的,但自从出生之后,他就是一个完全独立的个体。他有自己的思想,有自己的感情,有自己循序渐进的成长步伐。他不是机器人,不是牵线木偶,不能看到父母内心的期望。就算父母常常耳提面命,孩子也很有可能会左耳进右耳出,往往很难体会到父母无奈而又愤怒的心情。说多了反倒会引起孩子的逆反心理。

3

牛莉的脸上总是带着一丝阴郁的表情,每当别人问起她,她就会大吐苦水:"孩子成绩差总不见起色,老公成天不回家……"

有一次,不知为什么她的脖子开始肿了,到医院诊断得知,长了甲状腺结节,需要手术。术后医生让她少说话。儿子探望时,带来一张不及格的试卷,在往常,牛莉一定会大声批评儿子,并唠叨不休。可这次因为无法说话,她只好无奈地笑了笑,并拍了拍儿子的手背。

就是这么个小动作,儿子发现妈妈居然没有骂他,也没有唠叨,心中立刻充满了感动与幸福。就这样过了一个月,孩子的学习成绩竟然直线上升。


孩子需要的东西既不复杂也不繁多,有时仅仅需要一个温暖的怀抱或是一个肯定的眼神,他们就会拥有向上的力量、变好的勇气。

孩子的一生会遭遇无数挫折与失败,作为父母,我们不可能事事未雨绸缪,但至少给孩子一个坚定拥护的态度,让孩子拥有一个随时可以栖息停靠的温暖港湾。

下班回家后,有话好好说! 如果担心说错了对孩子造成伤害,那就先给他一个大大的拥抱吧!

# 第四课

## 放 养

——自由的孩子最自觉

# 自古"慈母多败儿"

孩子五六岁了,父母还在给孩子喂饭;孩子七八岁了,依旧不会自己穿衣服;孩子十几岁了,上学、放学依然由父母接送;孩子上大学了,脏衣服、脏床单还是打包带回家让父母洗。

沿着这种轨迹长大的孩子,能成为栋梁之才、独当一面吗?

## 1

自古,慈母多败儿。

养在温室里的花朵,一旦遭受狂风暴雨的袭击,就会支零破碎。生活,当然不可能永远都是一帆风顺的坦途。孩子终有一天要独自面对残酷的现实,是被现实打倒在地还是乘风翱翔,全看父母给予他的教育。

老鹰一开始教孩子学习飞翔的时候,用的方式就很特别,它先把自己的孩子带到十分高的山谷中,再把孩子从山谷上扔下去;紧接着它会把孩子带到比上一次更高的山崖边,用同样的方式对待自己的孩子……就这样反反复复进行多次,直到让自己的孩子学会在天空中自由地飞翔。

在动物界,小狮子长大以后,狮子妈妈就要训练小狮子独自狩猎的能力。狮子妈妈带领小狮子来到草原中,小狮子发现小动物出没后,狮子妈妈就让小狮子独自去追捕猎物。如果小狮子一只猎物都没有追到就回到妈妈身边,那狮子妈妈就会继续让小狮子追赶,直到小狮子成功捕获到一个猎物。

小鹰是被鹰妈妈"踹"下悬崖的,小狮子是被狮妈妈赶着捕猎的。在动物的圈子中,不管是哪一种动物,它们都要有独立生存的能力。动物们培养自己的下一代,最重要的一点就是让它们无论何时何地都能自己捕食。只有学会了独立生存,它们才能更好地繁衍下一代。

动物尚且如此,我们人类呢?我们对待孩子太"仁慈"了,几乎"仁慈"得让孩子丧失了生存能力。

## 2

有一个男孩,从小父母对他就抱有特别大的希望,希望将来的某一天他可以成材。因此从小学开始,男孩的衣食住行都由父母操办,而男孩的任务就是把学习弄好。一直以来男孩的学习成绩在班里都特别优秀。这个男孩后来考上了一所上海的大学,但是他来到学校的第一天就面临很多困难,在别人眼里十分容易解决的问题他也解决不了,还打电话向妈妈抱怨:"妈妈,我一点也不想在这里读书,我不知道该怎么生活。"

妈妈说:"你看看人家是怎么做的,你要跟着人家学习。"

"妈妈,我觉得我真的很难做到呀!"

此刻，妈妈终于为自己过于溺爱孩子而感到后悔，为自己没有培养孩子的自主能力而感到焦虑。

一个5岁的英国男孩在公园费力地系鞋带，一个成年人看到孩子艰难的举动想过去帮一下孩子，但是却被孩子拒绝了。

男孩问："你知道我几岁了吗？"

"我不知道，但看样子你应该很小吧。"成年人笑着说。

"我告诉你，我快5岁了，这个事情我能做好。"男孩严肃地回答。

类似这样的事情，在国外是很普遍的。国外的孩子在很小的时候就知道很多事情需要自己独立解决。

当孩子还特别小的时候，父母有一定的责任照顾好孩子，因此父母帮助孩子处理一些事情很正常。但是，父母不能照顾孩子一辈子，在孩子已经具备一些能力时，要及时放手。

如果舍不得放手，那未来的某一天孩子不得不走向社会的时候，他面对一个新环境，根本没有应对困难的能力，也没有解决问题的能力。当事情突然发生时，孩子只会手忙脚乱，根本不知道如何解决棘手的问题。

## 3

有些父母不相信自己的孩子，觉得自己孩子这不行、那不行，或担心孩子这做不好、那也做不好，很多事都为孩子代劳了。其实，每个孩子都是能干的，家长要相信自己的孩子。

例如孩子的鞋带系不好，可以多教几遍；孩子不会写字，可以让孩子多多练习,告诉孩子如何去写;孩子不会交朋友,那可以告诉他如何与小朋友相处。父母要做的是不断引导孩子,给他们提供一些方法。

有的父母,看到孩子做不好某些事情的时候,他们不是耐心地教给孩子方法,或是持续引导孩子,而是会选择代替孩子去做。他们以为这种方式可以帮助孩子,却没有意识到总是这样帮助孩子,到最后孩子完全失去了独立处理问题的能力。遇到一些棘手的事情,他们只会选择逃避,而不是勇敢地面对。长此以往孩子根本没有办法在社会中与人打交道。

家长要走出爱孩子的误区,培养孩子的自理能力,为孩子处理好一切不是爱孩子,反而是害了他。只有放开手让孩子处理自己的事情,才能培养出自立的孩子。

# 放手,但不是放任

培养孩子的自理能力,绝不能从一个极端走向另一个极端。

有些父母一看育儿书说,要让孩子自己的事情自己做,便做起了"甩手掌柜",乐得享个清闲。然而,孩子的自理能力,不是一天之内就能做到的,仍然需要父母循序渐进的引导。

# 1

张强刚踏入小学校门的那一天，他的父母就语重心长地和他说了一些话："孩子，你现在已经长大了，已经踏入了小学，我们要告诉你的是，从现在开始你已经不是小孩子了，你要学会独立处理一些事情，自己的事情要学会自己做。你要每天按时起床，在学校里听老师的话，按时完成老师布置的作业。遇到事情学会冷静处理，不要急躁。学习是你最重要的任务。"

张强每个月都会得到父母的零花钱。父母告诉他，这些钱不能乱花，要学会自己控制花销，不该买的东西不要买。几个月的时间里父母一直暗中观察张强的行为，张强能处理的问题，他们不会过问。即使是出现一些小问题，父母也没有责怪张强，他们相信自己的儿子会做得更好。他们决定给自己的孩子更宽松的成长环境，他们想看看自己的孩子到底具备多大的潜能。

张强是一个很听话的孩子，几个月的时间他都是独立处理事情，基本上没有寻求过别人的帮助。虽然在一开始的时候，也需要父母提醒他一些事情，但时间久了，张强就养成了一个良好的习惯。他会把要做的事情规划好。他也知道该怎样才能持续把事情做好。在不知不觉中，张强就过完了自己的小学。

到了张强上中学的时候，父母把一只小闹钟送给了张强，他们告诉张强，如果担心有的时候起不来，就用这个闹钟。张强基本没有让父母操过心。起床的事情对张强来说也不是问题。他每天都能按时起来，甚至在父母还在睡觉的时候，他就已经吃好东西，背着书包上学去了。

后来,张强考上了一所外省的大学。在新生报到那天,他也是自己提着行李箱一个人去的,父母并没有陪他。

毕业后,他每次联系父母,询问父母的身体,却从来没有说过让父母帮忙的事情。虽然他在外地工作,和父母有一些距离,但是父母对他并不担心,他们觉得自己的儿子很棒,遇到突发状况也不会乱了手脚。父母对孩子有足够的信心,他们相信孩子在外一定可以很好地照顾自己,就像当年小学初中那样。

如果把孩子比做一张白纸,那么,画笔应当握在他们自己的手里。你的任务,只是带他们出外看风景、长见识。因此为了孩子有一个美好的未来,好父母应该要学会让孩子做自己的主人,让他自己去描绘他的人生。

## 2

在小洛克菲勒4岁时,有一次,当他远远看到父亲老洛克菲勒从外边走进来时,就张开双手兴冲冲地向父亲扑过去。老洛克菲勒并没有去抱他,而是往旁边一闪,结果小洛克菲勒扑了个空,跌倒在地上,哇哇大哭起来。

等孩子哭完之后,老洛克菲勒严肃地对儿子说:"孩子,不要哭了,以后要记住,凡事要靠自己,不要指望别人,有时,连爸爸也是靠不住的。从现在开始学会自立。"

正是因为洛克菲勒家族教育子女特别认真,注重培养孩子的独立生活能力,使孩子养成自立、自强的习惯,所以洛克菲勒家族里没有出现"败家子"。

在西方一些国家,许多父母十分重视从小培养孩子的自理、自立能力。他们从锻炼孩子的独立生活能力出发,对孩子的教养采取"放手不放任"的做法。

放手,就是从孩子生下来,父母就设法给孩子创造自我锻炼的机会和条件,让他们在各种环境中得到充分的锻炼。

美国1岁的孩子基本上是自己吃饭。父母将孩子"绑"在椅子上,把食物放在小桌子上,让他们自己用小刀叉吃饭。吃得到处都是,脸上沾满了奶油,将饭菜打翻,父母不急也不恼,但父母绝不哄着喂食。这样2岁左右的孩子就能与家长一块用餐了。

在瑞典,孩子出生后很少被父母抱在怀里,在家里一般是放在小床上,出门放在小车上,会走的自己走,哭也不抱,孩子从不与父母同睡。

在德国,孩子1岁左右开始学走路,摇摇晃晃地艰难前进,跌倒了爬起来,再跌倒再爬起来,基本上没有赖在地上大哭不止,非要大人扶起来不可的情况。

美国中学生有一句口号"要花钱自己挣",上大学要靠打工自己挣学费,在美国新罕布什尔州有77%的高中生打工。在寒冷的冬天,当大多数中国孩子还在热被窝里熟睡时,美国的很多孩子已经挨家送报纸了。

相比之下,我国的许多家庭,特别是富裕的独生子女家庭中,父母过度保护与过多照顾的教养方式,不利于孩子的自理、自立。

父母应该清楚,你不可能跟孩子一辈子,也不可能包办一辈子。从小培养自理自立的能力、坚毅顽强的性格、适应环境的能力,将使孩子受益终生。人生是一个艰难的历程,有时会遭遇困难,有时会遇到挑战,这时,真正能够帮助孩子的只有他自己,能够拯救他的也只有他自己。

3

让孩子具备独立意识, 这是孩子在成长的过程中必须要学会的东西。学会了独立,在今后面对问题时,他首先想到的就是自己怎么解决,而不是让别人帮他。做任何事情,要学会自己拿主意。

孩子的自我意识是在父母的教育中不断形成的, 孩子成长的过程中要多给他们一些独立的空间,让他们可以做自己的事情,让他们独立完成自己喜欢的事情。这样就锻炼了他们的独立意识,让他们在做事情的过程中得到提升。即使他们没有把事情做好,也要多给他们信心,多鼓励他们。

因为,当孩子能够坚定自己的信念去做一些事情的时候,在某种意义上来说他就已经获得了成长。

# 越自由的孩子越优秀

沙子握在手中越紧,留在手心中的就越少。给孩子的自由越少,他越难以成材。

在父母无形的引导下,越自由的孩子越优秀。

## 1

可可是一个二年级小学生,却跟别的孩子有些不一样。她总是微微地皱着眉头,看见别的同学家长也不愿意打招呼。老师也经常批评她"上课不专心听讲,下课之后比男孩子还疯"。班主任跟可可妈妈沟通之后发现,可可一周七天,只有星期一放学之后能正常回家,从周二到周日每天晚上都会安排额外的辅导班。

可可妈妈给她报了绘画班、书法班、舞蹈班、钢琴班、英语班,其中舞蹈班一周上两次课。可可妈妈每天一放学接上她,直接赶往各个课外班,晚餐就在外面随便吃一下,或者买点食物带到教室吃。如果上课时间晚,就在课外班里写点家庭作业。如果上课时间早,就等上完课之后回家写作业。可可每天回到家都在9点左右,学校作业多的时候,经常要写到晚上十一二点。

老师试探着跟可可妈妈说:"会不会给孩子报的班有点多?"可可

妈妈却说："这些都是孩子喜欢的，她自己要求报的班。而且她学得也挺开心的。"

人生中的很多事情过犹不及，孩子的兴趣固然很多，父母也不能以当时孩子喜欢为理由，迫使孩子对自己曾经感兴趣的事情、说过的每一句话负责到底。孩子正是在一次次不断的尝试中，才能找到自己最热爱的事情。如果父母自以为抓住了孩子的小辫子，要他必须为自己选择的每一个尝试坚持到底，那么孩子能怎么办？他只能在往后的日子里，假装自己对任何事情都不感兴趣，因为他承担不起父母较真的重负。假装的时间久了，孩子真的会丧失生活的热情，这是父母最不愿意看到的！

## 2

一个长相十分漂亮的小女孩，每天都坐在自己家开的店门口拉小提琴。冬天的夜晚十分寒冷，可小女孩还要继续练琴。她一直默默地练琴，有时转过头去看看母亲，轻声地问："妈妈，已经练了好多遍了，我能起来活动一下吗？"没想到母亲却说："你又想偷懒？现在练琴的时间还不够，你还要继续再练习一会。"小女孩虽然很不情愿，但是她却没办法，只能继续练琴。

孩子虽然年龄小，但是他们也有自己拿主意的时候，他们应该有自己的想法和意见。父母在孩子不愿意做的事情上，要找到原因，而不是一味命令孩子必须去做。这样长久下去，孩子的负面情绪越来越多，也不利于孩子的兴趣培养。正确的做法是理解孩子，站在孩子的角度处理问题。

父母不能一味将自己的兴趣培养成孩子的兴趣，孩子有选择做事情的权利。未来要做什么，他们的梦想是什么，都取决于孩子的决定。父母有教育孩子的使命，但没有强迫孩子的权利。

## 3

很多父母管得太多、太严，不仅管孩子吃什么、穿什么、玩什么，还有业余时间干什么、上哪儿去，都要一一汇报给家长，使孩子找不到自我发展的空间。

有些家长认为学生学业重、时间紧，就应该放弃一切娱乐、休息，一切以高考为核心，全力以赴地准备"跳龙门"。其实，越是学习压力大，越要讲求休息的质量。娱乐与睡眠同样重要，适当的娱乐可以调剂精神状态，使紧张的心理放松些，刺激大脑处于兴奋状态，有利于提高学习效率。所以，适当调整学习状态，劳逸结合，给孩子休息与娱乐的自由是必要的。

总之，现代父母应成为孩子学习的激励者、辅导者，各种能力和积极个性的培养者，而不是包办者、束缚者。作为父母，不要把孩子管得太紧，适当的时候就该学着放手，给孩子的成长留下一定的发展空间。

# 教孩子"有所为，有所不为"

如果孩子自制力强，就能够控制自己不在同一个坑里反复摔跤。自制力，是孩子最应该学到的一项能力。

## 1

5岁的加加在父母的带领下去姑妈家做客。受姑妈的邀请，加加在这里住了几晚。

早上起来吃早饭的时候，加加不小心把牛奶倒在了地上。按照加加家的规矩，不管出于什么原因，都不能浪费食物。因此加加的牛奶没有了，就不能再继续倒一杯，只能吃点心了。可是加加平时最喜欢喝牛奶，她刚才才喝了一小口，面对这样的情况，加加只是轻微地撇了撇嘴。她望着眼前的牛奶，并没有再喝。

父亲假装没看见，姑妈看到这种情况，再三邀请加加喝牛奶，可她还是不肯喝。姑妈不明白加加为什么不喝，便问道："是不是点心不合胃口？"

加加终于回答说："点心很好吃，但是我把牛奶弄倒了，就不能喝了。"

姑妈劝道："没关系，孩子，喝吧！"

父亲假装没有看到这些，继续吃自己的早饭。加加依旧选择不喝牛奶。姑妈看到这样的情况，心想大概是加加担心自己喝牛奶会受到父亲批评，所以迟迟不肯喝牛奶。她赶紧向加加的父亲询问情况。

加加的父亲找了一个缘由，巧妙地不让加加听到他和姑妈的对话，然后和姑妈解释："其实我知道加加并不是担心我责怪她，而是她知道自己犯了错误，犯了错误就不能喝牛奶，所以她才一直不喝。"

姑妈对加加父亲的解释还是有点担心，看到姑妈的担心，加加的父亲想到了一个主意："要不这样吧，我暂时离开饭桌，你们继续吃饭，你继续劝说加加喝牛奶，这回我不在了，看她喝不喝。以我的了解，她还是不会喝牛奶的。"

姑妈回到了饭桌上，继续劝说加加喝牛奶，但是加加还是没有喝。姑妈把新的食物放在加加面前，并安慰加加说："孩子，现在爸爸不在饭桌上，你不要担心他会批评你。你赶紧吃吧。"没想到加加还是不吃，她这样对姑妈说："不管爸爸在不在这里，犯了错误就要受到惩罚，不能抱有侥幸心理。"

姑妈看着孩子如此坚持，还在劝她："可是你不吃早饭，会饿的，对你的身体不好，你现在还在长身体的阶段。"加加坚定地说："姑妈，没关系，我不会有事的，不用担心。"

姑妈看到眼前的场景，已经没有办法再继续劝说加加了。她把加加的父亲叫了进来。加加把自己的想法和刚才发生的一切都告诉了父亲。

父亲十分感动："加加，你做得已经很好了，应该说特别棒，你这么守规矩爸爸很感动。现在我们马上就要出门了，为了你的身体，你要吃点东西。不然你的身体会受不了的。"加加听到父亲这么说,特别开心,就吃了点心,喝了牛奶。

一个5岁的孩子拥有如此强的自制力,其父母教育很成功。

## 2

墨墨是一个性格内向的孩子,在校成绩优异,但在学校里他总是自己一个人玩,没有一个好朋友。

其实是父母的教育方式才让墨墨面临这样的处境。

在墨墨年龄很小的时候,父母觉得外面的空气质量特别不好,因此平时基本不让墨墨出去玩。后来墨墨的年龄稍微大了一些,父母也不愿意让墨墨单独与其他孩子在一起玩。父母担心墨墨被其他小朋友欺负,也担心孩子被陌生人拐走。父母的做法导致墨墨一见到小朋友就躲起来,一见面陌生人就大声哭泣。到墨墨五六岁的时候,父母又怕墨墨跟着别的孩子学坏,除了上学外,回到家一般情况下都不让他出门去玩。

受父母的影响,墨墨从很小的时候就喜欢一个人独处,没事的时候他都喜欢自己一个人在家里,不出去找小伙伴玩。在幼儿园和其他小朋友相处,虽然一开始和小朋友玩得很好,但是玩一会就会和小朋友吵架。

后来,墨墨上了小学,他非常不适应学校的环境,很少参加学校的集体活动,平时在学校里都是一个人玩,基本上不和同学在一起。在同学的眼里他就是一个特别奇怪的人,时间久了,同学们也不愿意与他接触。父母知道了墨墨的情况,以为孩子只是不适应,等时间久了,一切都会慢慢好起来。但令父母没想到的是,墨墨已经上小学四年级了,之前他孤僻的性格依然没有丝毫的改善。他还是自己一个人独来独往,不愿意和同学在一起玩,总是沉浸在自己的小世界里。

要培养孩子的自制力,并不是要把孩子培养成一个与世隔绝的"宅男"或者"宅女"。

为了不让父母唠叨,为了不犯错,很多孩子小小年纪就悟通了"多做多错,少做少错,不做不错"的道理。孩子任何事情都不做,谁也不接触,自然就不会犯错。可这样培养出来的孩子真的健康吗?答案是否定的。他们很难有健康的体魄,甚至心理也很难健康。

### 3

父母从小就应该让孩子多参加集体活动,让孩子具备与人交往的能力。发现孩子异常的行为要引起重视,不能让情况持续恶化。父母要引导孩子学会了解自己,在了解自己的同时学会与他人相处。要在集体环境里摆正自己的位置,学会站在他人角度考虑问题。要能融入到一个集体环境中,在这个环境中不断锻炼自己的各方面能力。当孩子已经能够适应学校的集体环境,就说明在其他环境里,他也一定能适应。

但在与人交往的过程中,如果一个孩子不具备是非观,也没有道德观念,不控制自己的行为,想做什么就去做,不考虑后果,也不在乎他人的感受,那么未来他就不能正常地走向社会,甚至会做出很多伤害别人,危害社会的事情。因此孩子从小就要具有是非观和道德观念,这样他才会成长成为对社会有用的人。

教会孩子自我控制,而不是自我禁锢,这其中的尺度正是"差之毫厘,谬以千里"。

所以,父母要带着耐心来对待孩子的每一步成长,让你的孩子懂得"有所为,有所不为"。

# 让孩子学会自己安排时间

## 1

早上六点钟,超超的妈妈叫超超起床,到了六点二十,超超才只穿好一件上衣,而妈妈已经准备好了早餐。为了避免孩子上学迟到,妈妈赶快走到超超的床前,帮他快速地穿好衣服,然后给孩子挤好牙膏、倒上洗脸水,让超超刷牙洗脸。

六点四十分,开始吃饭了,超超拿着一块面包,咬一口后看见了旁边的玩具,就离开饭桌拿着玩具玩了起来,妈妈急忙把他拉到桌边吃饭,但一块面包超超整整吃了十五分钟。妈妈眼看着孩子要迟到了,就只好把早餐奶放在他的书包里,匆忙拉着超超去上学。和以往一样,妈妈都是踩着上课的铃声,把超超送进教室的。

孩子处处磨蹭的生活实在让超超的妈妈感到很累，她担心孩子长大后做事情还会磨蹭，以后会跟不上时代的步伐。

的确，磨蹭、拖拉对孩子的危害很大，它会消磨孩子的意志和进取心，让孩子变得懒惰、颓废、得过且过，这样就容易导致失败，而这个失败的结果又会使孩子情绪消极，从而更加不想立即行动。在这样的恶性循环中，成功也会远离孩子。

孩子做事拖拉，多源于家庭环境的影响和良好教育方式的缺失。对于做事拖拉的孩子，不少家长总是心急如焚，一味地批评甚至打骂孩子绝对不是好方法，孩子的慢性子并不是天生的，所以我们一定要对症下药，用耐心和爱心帮助孩子逐步改正，不要操之过急，要注意总结方式方法，不断提高孩子做事的速度，进而帮孩子改掉拖沓的坏习惯。

几乎所有的家长都被孩子拖拉、磨蹭等行为习惯折磨着，很多家长都想要改变孩子的这个问题，但是就像超超妈那样，总是觉得无处入手，实际上，只要家长付出足够的耐心，培养孩子的时间观念，那么慢慢地孩子就会改掉拖沓的坏毛病。

## 2

本田宗一郎生于日本静冈县一个贫穷农家里。在日俄战争结束后，父亲弃农开了一个自行车修理铺，以修理自行车和打造小农器为业。

由于家中孩子多，经济又困难，幼小的宗一郎便帮助父亲拉风箱，经常在作坊间捡拾铁片。他看到父亲用灵巧的双手打出锄头、犁耙和小农具，感到好奇又好玩，便将捡到的铁片，学着父亲敲打，做成各种小玩具，送给弟弟玩。

宗一郎拉风箱学打铁，看到父亲累得满头大汗，脖子上挂着的毛巾也被汗水浸湿了，觉得十分心疼，便问道："爸爸，你不能慢慢地打吗？"父亲严肃地说："要是慢吞吞地打，铁坯冷却了，就不能打成农具。做什么事，都要讲究速度，要迅速、要快。"宗一郎若有所思地点了点头。

一次，他见到父亲把三块烧红的铁坯放在铁砧上，不停地轮番敲打。宗一郎好奇地问道："爸爸，你为什么三块铁要一起打呢？如果一块一块地去打，就不紧张了，也不会这么累了。"父亲回头看了他一下，温和地告诉他说："这几块铁坯体积小，可以放在一起打，能够一起打的铁，就不要分开去打，这样，既节省时间又多出活。你要记住，做工作要多动脑筋，能够集中干完的活不要分开去干，这样可以节省时间。当天的活要当天干完，每天都有新的工作。"

父亲打铁的启发，深深地印刻在宗一郎的脑海里，像一颗种子埋进了肥沃的土地中，直到后来创办本田技术研究工业总公司，宗一郎一直把高效、高速贯彻始终，并作为本田公司的传统，一代又一代地传承下去。


著名的物理学家爱因斯坦认为，人与人之间最大的区别就在于怎样利用时间。在我们每个人出生时，世界送给我们最好的礼物就是时间。不论对穷人还是富人，这份礼物是如此公平，一天二十四小时，我们每一个人都用它来经营自己的生命。有的人很会经营，一分钟变成两分钟，一小时变成两小时，一天变成两天……他用上天赐予的时间做了很多事，最终换来了成功。

## 3

一天二十四小时,睡觉休息占去十小时,三餐两个小时,也即是说,每天最多只有十二个小时是自行安排的,时间对每个人而言都是宝贵而有限的。所以,对于家长而言,要让孩子有时间意识,让他们懂得珍惜时间,并学会合理安排自己的时间。

时间,很抽象,看不见、摸不着。许多孩子可能并不能感知时间的存在,所以也就谈不上珍惜和管理时间了。

为了帮孩子建立起时间观念,可以从身边的一早一晚、气候变化等讲起。白天是一天的开始,黑夜是一天的结束;时间周而复始,春天万物生长,夏天蝉鸣蛙叫,秋天落叶缤纷,冬天严寒凛冽;一天又一天,一年又一年,这些都是时间。

家长可以给孩子买手表,让孩子自己挑选喜欢的样式,告诉他如何在手表里找到时间。当孩子做某些事的时候,家长可以用时间来帮他们做计划,如“再过五分钟就吃饭了”“玩游戏可以,但你只能玩三十分钟”等,这样可以经常让孩子“听”到时间。不断地提醒,可以让孩子感受到时间的存在,帮孩子建立时间观念。

每个人都有自己的黄金时间,孩子也是如此。孩子在哪个时间段比较清醒,精神也比较好,随之学习效率比较高?父母可以安排孩子在黄金时间段进行学习和思考。这样可以提高学习效果,让孩子学到更多知识。

父母要有意识地帮助孩子充分利用一天的时间,比如,在卧室和洗手间,都可以贴上一些单词卡片、古诗词、数学公式和概念等;可以为孩子准备迷你笔记本,让孩子可以在公交地铁上翻翻看看;告诉孩子不要小看零碎时间,积少成多,可以学到很多东西。

　　孩子小的时候,可以按照家长的时间走,但当孩子成长到一定阶段,会希望有自己的生活空间。此时,家长要做的就是放手,尽量让他们自己来管理自己的时间。此时,家长可以提建议,但不要干涉孩子支配自己时间的自由。只有让孩子学会自己安排时间,孩子的时间管理能力才能得到锻炼和提高。

# 让孩子真正体会,面包来之不易

　　通过劳动这件事,不仅可以认识世界,而且可以更好地了解自己。劳动对孩子来说,是真正的欢乐。不要害怕孩子的双手会磨出硬茧,不要把孩子过度保护,要让孩子真正体会,面包来之不易。

## 1

　　张晓马上就要12岁了,下学期就读六年级了。妈妈发现她开始追求漂亮了,因为最近张晓换衣服的频率越来越高,一天一套已是平常,有时候一天要换两三套,这直接加重了妈妈的负担。于是,晚饭期间,妈妈主动谈起这件事:"晓晓,你即将是上六年级的人了,爸爸妈妈的工作很忙,妈妈想知道12岁的你能否为妈妈分担一些家务呢?比如做一些自己能做的事,就像自己的衣服自己洗,可以吗? 如果你忘记的话,就只能穿没有洗过的脏衣服了。"

张晓觉得并不难,就痛快地点了点头。一个礼拜过去了,洗衣机里塞满了张晓换下来的脏衣服,妈妈很生气,严厉地批判了张晓,张晓连忙说她下次不会忘记了。可是又过了一周,脏衣服还在,并且日益增多,洗衣机都放不下了,张晓只好把衣服堆在房间里,满满的一地都是。这时,张晓发现自己已经没有多少干净的衣服可以换了,但妈妈对此置之不理,完全不参与,张晓只好从脏衣服堆里挑出比较干净的衣服继续穿。

一个月过去了,张晓再也找不到一件稍微干净点的衣服。她看着狼藉的房间,想了想妈妈强硬的态度,没办法了,只能把衣服一件一件地塞进洗衣机,自己动手。这时她发现其实洗衣服没有想象的那么难,但比想象的累多了,她也体会到了妈妈的辛苦。

从此之后,张晓的衣服都是自己洗的,她有空的时候还会帮妈妈做其他的家务。


## 2

做家务这件事,看起来似乎只是简单的重复性动作,但也是孩子获取劳动机会的最简单的方法。五六岁的孩子已经到了自立自强的阶段,鼓励孩子参与做家务,会让孩子体会到劳动的乐趣,会让孩子更爱这个家,也会让孩子学会自理和独立思考。

家长要鼓励孩子多做家务,可以让孩子先从和自己相关的事情做起,再慢慢扩展到为家人服务。从小就开始学着为家中尽一份心力,便能培养出孩子的责任感。因为家务本就是家中每个人的共同责任,整理自己的东西更是每个人责无旁贷的事情。大家生活在一起,自然都有责任维持这个家庭的干净与整洁。

孩子在做家务的同时,也是培养正确的劳动态度的过程。热爱劳动这个品质并不能只依靠理论说教,更重要的是让孩子通过在劳动中的体验而自然产生。对尚未具备独立能力的孩子来说,劳动实践是学习知识、了解认识社会的重要途径,而在日常中的家务劳动锻炼正是一个难得的学习机会。

与父母一起承担家务劳动,能让孩子了解到只有通过自己的劳动,才能享受真正的人生,享受真正的生活,才能体验到创造的快乐。如果孩子的记忆中只有书本知识,而没有运用这些知识指导实践的体会,很难激发孩子进一步的求知欲望和热情。

不仅如此,在做家务的过程中,孩子还能获得自信心和成就感。虽然年纪还小,不能做得很完美,但在练习的过程中,孩子会发现自己有能力完成很多事,从中获得自信。

## 3

虽然做家务的习惯可以从小培养,但是家长也必须了解,孩子的年龄越小,能力就越有限,所以不可能将家务做得完美,要懂得欣赏孩子用心和认真做家务的过程,而不要只以结果为标准去评判孩子。

以下是几种可参考的方式。

让孩子参与择菜、洗菜的过程,能够让孩子知道自己吃的美味佳肴需要经过彻底的清洗才能食用,不仅让孩子参与活动,更教导孩子卫生常识。

让孩子参与洗米、煮饭的过程,从第一步开始就让孩子积极参与。舀米的时候,告诉孩子根据吃饭人数决定米的多少;洗米的时候,告诉孩子洗米水能够用于洗碗等用途,不仅能让孩子参与家务,而且还懂得节约。

让孩子参与扫地、擦桌子的过程,给孩子一块专用的抹布,让孩子自己试着去把脏地方打扫干净,或者在父母的教导下,学会如何将脏地方弄干净,激发孩子思考的能力。

让孩子参与晒衣服、收衣服、叠衣服的过程,让孩子学习分类洗衣服的必要性以及学习动手折叠的能力,学会自己的事情自己做。

在给孩子示范如何做家务时,父母要多做示范少说话,如果只顾着说,孩子的注意力就会集中在说的话上,而不是你的双手正在做的事情。举个例子,当你把面包、花生酱和小刀子放在桌子上,当你在舀花生酱的时候,孩子正在认真地看着,你示范如何用一只手拿着面包另一只手在面包上抹花生酱。示范一遍后,让孩子尝试一遍,而你在旁边可以轻声告诉他,他的做法是否正确。

引导孩子做家务时,父母不能用家长的权威压制孩子,或者用命令的口气要求孩子,这样会让孩子觉得做家务是一种负担,而是应该用温和的语气和商量的口吻。当孩子做完一件家务时,可以给孩子一些言语上的鼓励,当然也可以给一些零花钱或者礼物作为奖励,但不能让孩子觉得这是做家务的条件,否则他会认为把自己的袜子收起来就能够拿到报酬。

在鼓励孩子完成家务的过程中,请注意,鼓励一定要清楚而且具体,让孩子知道自己好在哪里,比如孩子拖地拖得干净,不要笼统地说一句"宝贝,你太棒了",而应该说"看,你拖得真干净,你真是一个仔细的小孩"。在与孩子一起做完家务后,父母可以和孩子一起坐下来喝杯水,说:"宝贝,你辛苦了。看,房间干干净净的,看着好舒服,对不对?来,我们休息休息吧。"这是为了让孩子知道做家务不是为了讨谁的欢心,而是享受做完一件事的成就感。

## 尊重孩子的兴趣爱好

我们常常遇到,孩子希望学跳舞,父母却让孩子学钢琴的情况;或者是孩子想学跆拳道,父母却觉得这样不好;或者是孩子什么都不想学,父母却强迫孩子学习各种才艺……

这都是对孩子兴趣爱好的抹杀和干涉,任何干涉都会破坏孩子以后学习的信心和欲望。

### 1

西晋时,左思的父亲左熹一心想让儿子学书法,还花了重金聘请名家指导。可左思不感兴趣,学无所成。左熹又让儿子学琴,结果学了很长时间竟弹不出一支像样的曲子。这时左熹才明白尊重孩子特点的重要性,根据儿子性格内向、记忆力好、对文学有特殊偏好的特点,因材施教,让儿子学赋诗。左思如鱼得水、进步神速,不出几年,写得一手漂亮文章,最终成为西晋著名的文学家。

明代大医学家李时珍的父亲李言考科举屡次失败,于是将入仕的希望寄托在李时珍的身上,而李时珍对八股文不感兴趣,但对医学特别酷爱。可是在"父权"时代,儿子只好从命,攻读八股文,结果三次科考都不中。李时珍感到再也不能虚度光阴,便说服父亲同意他弃文从医,他后来终于成为举世闻名的医学家。

## 2

美国教育家斯宾塞说过:"身为父母,千万不能太看重孩子的考试分数,而应该注重孩子思维能力、学习方法的培养,尽量留住孩子最宝贵的兴趣与好奇心。绝对不能用考试分数去判断一个孩子的优劣,更不能让孩子有以此为荣辱的意识。"

"人各有志",每个孩子都有各自的兴趣与喜爱,家长不能勉强,也不应勉强。人们常说的"萝卜白菜,各有所爱",强调的就是个人的兴趣爱好是不同的。

大多数父母明白这个道理,但一旦牵扯到孩子,有的父母就会忽视这一点。很多人不愿承认孩子也有自己独特的兴趣与爱好。生活中总有许多父母无视孩子的兴趣和爱好,却把自己想要孩子具备的"兴趣"强加在孩子身上,其结果必然会束缚孩子的发展。作为父母,对孩子的期望比较高是可以理解的,但是如果给孩子太大的压力,让孩子不堪重负,就太遗憾了。

孩子的发展应当是全面的。父母培养孩子首先要发现孩子的特长与爱好,不能使每一个孩子都变成一个学习的机器,而应当使他得到全面的发展。只要孩子的兴趣爱好不是负面的,我们就要加以鼓励和保护,并且要尊重孩子的兴趣。

## 3

"兴趣是最好的老师。"兴趣爱好是引导孩子获取知识、培养能力、开发智力的有利条件。那要如何尊重孩子的个人兴趣呢？很多家长都不知道该如何去做。

我们要承认孩子可以有自己的兴趣和爱好。每个孩子都有选择的权利，家长不应该随便干涉。

现在的社会是百花齐放的状况，三百六十行行行出状元，而且，孩子的兴趣并不一定就不会变化，所以父母不妨先尊重孩子。当然，在承认与尊重的前提下，父母还可以进行适当的引导，培养孩子高尚的趣味和情操。

除了爱好之外，一个孩子的想法和意愿，也应该得到父母的尊重，而孩子的理想和追求，更应得到父母的尊重。

当然，这其中还要注意一个问题：不要在孩子建立理想的初期给孩子太多的压力，这样很容易打击孩子的积极性，使孩子被迫放弃自己的理想。比如孩子刚刚开始学钢琴，就逼迫孩子每天坚持练琴多久多久，而正确的做法是鼓励孩子树立理想，并为理想而努力。

树立理想的过程就好像种树，最开始只是孩子的一个初步设想。在萌发之初，它需要精心呵护，不理不睬的态度是错误的，但急于求成、揠苗助长的做法更不对。父母真正的支持应该建立在对孩子的理解以及尊重的基础之上，以现实为前提，进行适当的启发和诱导，这里所说的启发和诱导不是命令和要求。

比如，当孩子提出以后想当歌星时，家长可以这样说："当歌星也很好啊。孩子，你觉得大明星能得到人们的欢迎，需要付出多少努力呢？"启发孩子自己去思索,这样孩子才能对自己的理想有一个更深的认识。

总之,孩子的理想之苗,在父母的培养扶持和细心浇灌之下,终能长成参天大树。

# 别再对孩子"一手遮天"

没有父母不爱自己的孩子。为了孩子,父母可以牺牲所有的一切,只为他能快乐健康!

因此,孩子一出生,父母便为孩子设计好了一系列安全措施。只要在孩子面前,不论任何时候,不管任何场合,都能看到父母忙碌的身影。

大多数家长都会单纯地认为,自己所做的一切都是为了孩子好。小时候他能接受一切安排,长大后理所当然也会和父母的想法一样,毕竟是自己一手带大的孩子!

其实,这种想法是错误的!

## 1

无数事实证明,孩子是独立的个体,他有自己的思想、自己的感情。父母设想得无论多么周到,也无法代替孩子的想法。孩子的人生,要用自己的方法走在自己的路上,成长为他自己的模样。

如果父母非要把自己的想法与感受凌驾于孩子的想法之上,并强迫他去接受。那等待着我们的,就会是一场家庭悲剧。

安雅是一个非常努力的人,所以她想让孩子像她一样,努力地对待生活,努力地学习,这样在将来才能不会被社会淘汰。在孩子上小学的时候,她经常给孩子买很多课外书,希望孩子把更多的时间放在学习上。孩子却根本不领情,也不懂妈妈这样做的目的,他只觉得没有了自己的课余时间,感觉每天都在写作业,生活压力特别大。别的同学在周末的时候,都会去爬山、旅游等,可是他的空暇时间都花在了做不完的习题、看不完的书上面。

终于有一天,孩子爆发了:"妈妈,你从来都不考虑我的感受,整天让我学习,我都没有了自己的空间,都没有带我出去玩过,我不想要这样的生活,这样太无聊太枯燥了!"

这实在是一种爱的悲哀!其实,普天之下,有哪个父母不爱自己的孩子的?可是,父母在给孩子爱的同时,为什么不能多考虑一下孩子的感受,为什么不主动征求一下他们的意见呢?

## 2

暑假里的一天,木子起床看见妈妈在化妆台旁边化妆,爸爸在厨房里面准备早餐。木子穿衣服的时候,怎么也找不到自己的另一只袜子,所以她求助身边的妈妈:"妈妈,可不可以帮我找一下袜子,还有一只我怎么找也找不到了。"

"妈妈忙着呢，没空。"妈妈抛下这样一句话。

木子高声呼喊爸爸，可是爸爸却听不清，自顾自地做饭。

妈妈化完妆也没有帮木子找，而是径直走向了衣帽间。

谁知哇一声哭喊，爸爸妈妈都慌忙跑过来，看见木子在床上打滚。

爸爸看到了连忙说："孩子，怎么了？是不是哪里不舒服？"

妈妈也是丈二和尚摸不着头脑。

"你们现在对我越来越坏，每天对我爱答不理的……"木子哭着喊着。

爸爸妈妈这才明白，原来是忽视了孩子。

在一个美好的早晨，孩子以崭新的一面迎接新的一天，可是，却被父母的冷漠之水浇灭了。故事中的爸爸妈妈的确是犯了一个错误，因为他们忽略了孩子的感受，伤害了孩子的自尊。

## 3

玻璃柜台下摆满了各种各样的马卡龙。

米拉问女儿："你想要哪种？告诉妈妈。妈妈给你买。"

"我想要香草的。"女儿回答说。

米拉说："妈妈给你买个巧克力的。"

"不，我要香草的！"女儿否定了妈妈的推荐。

米拉说出了自己的理由："你不觉得巧克力的更有营养吗？"

"不，我就要香草的！"女儿坚持。

"你不是喜欢吃巧克力吗？"米拉生气了。

"你不是让我自己选吗？"女儿不甘示弱。

　　我们来感受下刚刚的谈话,会不会觉得米拉这种妈妈很"口是心非"?她说着让孩子自己选择,又把自己的想法强加在孩子的头上,根本不在乎女儿的意愿和感受。乍一看起来,米拉很关心女儿,很为女儿着想。可是呢,她对女儿的想法选择了忽视,对女儿的感受更是置之不理。

　　只要父母能够做到每一件事都能尊重孩子的感受,有不同意见时能心平气和地与他沟通,自然就会收获孩子的尊重与爱戴。如果父母总是出尔反尔,嘴里说的是一套,实际行动又是另一套,那么孩子又怎么可能百分之百地信任自己的父母呢?

　　平等地与孩子沟通,真诚地接受孩子的想法,这是每一对父母都应该做到的事。

# 第五课

## 格 局

——父母的眼界，决定孩子的高度

# 气质是贯穿孩子终身的考卷

　　小孩子拼音班、识字班、读书班，大孩子奥数、语文、英语，还有各种加强班、特训班……仿佛给孩子少报一个学习班，孩子就会输在了起跑线。

1

　　阿美考上了当地最有名的中学，全家都舒出了一口长气。这口气阿美妈妈闷在心里已经四五年了，每天她带着孩子奔波于学校与各种加强学习班之间，孩子也非常用功努力，最终小升初迎来了一张完美的答卷。阿美妈妈自然是喜上眉梢，孩子也开心地到新学校报到了。

　　开学一个月之后，阿美妈妈的眉头就笼上了一层阴影。因为女儿打电话告诉她，自己在新学校里很自卑，觉得自己像个笨蛋一样。学校一开学，有很多新生社团招人，舞蹈社团、吉他社团、绘画社团、小提琴社团……同学们都玩得特别开心，可她却除了学习什么也不会。像她这样的还有好几个，每天只能坐在教室里默默学习，放学之后别人都去参加各种活动，她们只能回到宿舍默默学习。

　　当别人热火朝天地讨论各种活动、奇闻时，她们就像透明人一样，没有人在乎、没有人关注。以前可以炫耀自己学习好，可是新学校里各个都是学霸,那些玩得很精彩的同学,学习也一样没落下。看着他们青春洋溢的阳光笑容,阿美瞬间觉得自己自卑到了极点。

在应试教育的束缚下,孩子们早早地就丢失了自己的兴趣爱好,每天苦读数学、语文、英语。高分低能的新闻不绝于耳,可却有不少家长仍然乐此不疲地给自家孩子洗脑:"只要学习好就够了。""你只要分数高就可以了。"

<h2 style="text-align:center">2</h2>

对于应试教育,我们很多人都非常熟悉,只要把孩子放进一个由学校、家庭共同打造的模子,把孩子训练成答题机器,就大功告成了。

而对于素质教育来说,父母则要考虑如何让孩子快乐地学习,想尽一切办法陪着孩子在玩中学、在学中玩。他们还要抓住一切机会去激发孩子找到自己真正的兴趣爱好, 然后再锲而不舍地把兴趣爱好发扬光大。对他们来说,学习成绩也很重要,但更重要的是保护好孩子的学习热情。因为他们深深地明白,学习成绩好只是一时的,但是学习热情不衰减却会让孩子受益终生。

应试教育的父母看到素质教育的父母在琴棋书画上花了大把的时间与金钱,结果孩子却很难坚持时,不禁嗤之以鼻:"学那些东西都是浪费时间、浪费金钱,没有任何用处。"但坚持素质教育的父母却想:"不让孩子试试,他怎么能知道自己最喜欢什么呢,孩子应该有自己的选择权。"

现如今我们常常在各种社交网站上看到一堆吐槽:"对工作没有热情,对生活没有激情,不知道该如何继续下去。"甚至有些人可以放弃一切去做自己喜欢的事,可悲的是他们连自己喜欢什么都不知道。看到三十几岁的人还要努力去找寻自己究竟喜欢什么的时候,那浓浓的无奈与悲伤扑面而来。

难道父母不应该反思一下吗?

<h1 style="text-align:center">3</h1>

学习琴棋书画,看起来跟学习成绩一点关系也没有,更不会让孩子多考几分,甚至因为练习这些课外项目,还会占一些学习时间,可是,那又有什么关系?

如果孩子能从中找到自己的热爱,那么他将受益一生。

艺术能带给孩子的不仅仅如此,它还能增加孩子的见识,让孩子拥有与众不同的品位,而这些,都是刷题、考试所不能做到的人生加分项。

谈吐、仪态、品位高低,是贯穿一个人一生的考题。

只重视考试成绩的父母,教会了孩子如何在试卷上答出高分;只重视艺术修养的父母,教会了孩子漂亮帅气的外观;既重视艺术修养又不忘奠定学习基础的父母, 则教会了孩子如何在人生试卷上答出热爱与快乐。

父母作为孩子一生的班主任,不是把孩子训练成考试"机器",而是帮助他找到自己的兴趣与爱好,更加热爱学习、热爱生活。

# 让孩子站在巨人的肩膀上眺望人生

有的父母很着急,孩子学习任务重时间紧,根本没有时间去学习一项或者多项复杂的艺术,更没时间去培养什么兴趣爱好,这可怎么办才好呢?

如果真的没有时间,或者错过了黄金的学习时间,那么我们还可以从艺术欣赏抓起,这是每一个孩子都应该修炼的课程。

## 1

在当今社会,艺术已经被越来越多的人熟知,它能够满足人们对主观情感和意识形态的追求,艺术具备的独特魅力,能够让人们感受到更多新奇的体验。随着社会的不断进步,艺术的种类也变得越来越丰富。音乐、舞蹈、摄影、绘画等艺术门类各有各的特点,并且随着时间的发展已经变得越来越丰富。

孩子在学习艺术的过程中会得到多方面的提升。一方面通过学习艺术可以让孩子见多识广,不断陶冶情操;另外一方面可以从小培养他们的兴趣爱好,让孩子找到自己最感兴趣的东西。在学习的过程中可以锻炼孩子的品格和意志力。

## 2

林晓晴从小就跟着爸爸学书法、绘画,最初对这个产生兴趣,就是因为爸爸常常会因为工作的关系去参观一些书画展,她便也和爸爸一起去了。在看多了之后,她也就对这些字画产生了浓厚的兴趣。在这种兴趣的引导下,她便开始了自己的学习之路。

林晓晴在喜欢上了艺术之后,每逢大展、小展,必会到场观看,每次看完之后,还会写一些个人心得,这些活动也都进一步激发了她的学习热情。

田辙回家和妈妈说想去听一场音乐大师的演奏会,但是门票很贵,自己的零用钱不够,想问妈妈借点钱。妈妈知道孩子是学音乐的,想去听的心情很迫切,也就很高兴地答应了孩子的要求。看完之后,田辙跟妈妈说,大师的演奏技术真的很棒,自己还有很大的差距,一定要努力学习才能够不辜负自己对艺术的向往。

平时田辙就喜欢听一些世界顶级音乐大师的演奏会,为此,他常常利用暑假的空闲时间打工为自己积攒门票的费用。每次聆听完音乐大师的演奏会,田辙都觉得受益匪浅,这些艺术美对田辙的熏陶,让他坚定了自己对艺术的追求。

都说父母是孩子的第一任老师,因此作为父母就要让孩子从小多了解各类知识,不断激发孩子的潜能。书法和绘画作为中国长久以来备受瞩目的艺术种类,有很多值得深入挖掘学习的地方。多让孩子接触书法和绘画艺术,可以让孩子从小就了解中国文化。另外,读书、舞蹈等等都能激发孩子对艺术的兴趣,在这些兴趣爱好发展的同时, 又能对学校教育的缺失部分加以补充。对于父母来说,何乐而不为呢?

## 3

如果父母想要从小就培养孩子各方面的能力, 让他们从艺术中了解到更多知识,可以先看看孩子到底喜欢哪一种艺术,只有了解了孩子真正需要的东西,才能让孩子从中获得收获。在孩子学习艺术的过程中,要不断地给孩子信心,让他们更愿意去学习。

如果没有那么多时间让孩子专门去学习, 也不能放弃对艺术欣赏的培养。当孩子长大之后,学业没那么繁重之后,他至少知道自己从小喜欢的是什么,他至少可以选择从头开始学习。

因为心底有热爱,所以再多的艰难险阻也不会可怕。这是父母能送给孩子一生的最好的陪伴。

# 意志坚强的孩子,运气不会太差

很多人在面临困难的时候,不知道怎么处理问题,有一些人会选择逃避,以为暂时让自己开心就好,但是能逃避一次,却不能永远逃避。该面对的还是要面对。所以父母在教育孩子的时候,要让他们明白只要战胜了困难,自己的未来才会更精彩,而逃避只是处理不了问题时退缩的表现。要告诉孩子不管发生什么都要给自己强大的信心,让他们有勇气面对困难。

## 1

小张是个二年级的孩子,他平时特别害怕遇到困难,在家里父母给他最温暖的关怀。在学校的时候每一次上体育课,小张都很头疼,因为体育课对他来说是最不愿意去上的课程。因为每次都要跑步,而每次他都是跑到班级的最后面,甚至连女孩子都比不过。对此,学校的体育老师也是很为难。他们希望小张能够变得更坚强一点。

其实小张的身体看起来并不是特别柔弱,但是由于总是成长在安逸的环境里,父母总是给他太多的关怀,让他觉得安逸的生活是最好的,他不想打破这种局面。因此在面对困难的时候,他总是会觉得自己不行,其实都是因为他的意志力比较薄弱,没有勇气战胜困难。

"天将降大任于斯人也,必先苦其心志,劳其筋骨,饿其体肤。"在一个人获得成就前,他的躯体和灵魂必须受到磨炼,必须有坚强的意志。苦难能磨砺人的意志。生活就像无边的海洋,只有意志坚强的人才能到达彼岸。

米小天在练俯卧撑。刚开始他一次只能做8个,坚持做了3天,觉得自己可以做9个了,就升到了每次9个。就这样,他每3天增加1个,当他到了一次能做40个的时候,他觉得已经到了自己的极限,怎么也增加不了了。

但是他觉得应该要挑战自己,便加强了手臂锻炼,从各个方面来提升自己手臂的力量。在米小天的努力下,他的俯卧撑的数量又上升了。

米小天在不断的自我超越中,磨炼出了坚强的意志力。

只有战胜了自己,在做事情的时候才会更得心应手。在成长的过程中要让孩子学会不断地挑战自我、战胜自我,在经历中一次又一次告诉自己什么才是自己最需要的。要让孩子知道自己有无限强大的潜力。有了这种精神,就会不断地走向成功。

## 2

那天晚上, 天空下着雨夹雪。孩子们坐在教室里都在嘟囔着很冷,似乎孩子们因为天气的原因,已经没心思读书了。

然而此时一位年长的老师突然走进教室,他看到学生们此刻的状态,心里想着要给孩子们上一堂特别的课。然而此时的学生们看到老师,只是直直地盯着看,因为他们还不知道老师来要做什么。

在同学们的眼中,这位老师一直和蔼可亲,总是站在学生的角度考虑问题。然而今天的老师却是有点怪怪的,表情似乎有点严肃,同学们摸不清老师的状态。

"各位同学,请你们整理好自己的衣服,我们集体到操场上去。"同学们你看看我,我看看你,不知道老师今天为何如此奇怪。

"因为我们要在操场上跑5分钟。"在老师下了"所有人必须出门"的命令下,最后学生不得已地走出了教室。学校的操场最南边是一片果树园,最北边是一条小河。因为下雨的缘故,河水和泥土就会流到操场上。操场上的积水特别多,要在操场上跑一圈,一定会很不顺利。所以孩子们都不愿意出去。

孩子们挤在教室的屋檐下,不肯迈向操场半步。

老师没有说什么,面对孩子们的拒绝,他脱下羽绒衣,再一次严肃地对孩子们说:"现在,大家到操场上集合!"孩子们知道老师是认真的,谁也没有吭声,只好老老实实地到操场排好了三列纵队。

瘦削的老师只穿一件白衬衣,衬衣下的他更显单薄。

后来,孩子们在操场上跑了5分多钟。老师和学生们一同回到教室后,意味深长地对孩子们说:"世界上的任何困难都能克服,哪怕我们只穿一件衬衫,我们也顶得住冬天。"

这样类似的训练存在着一定的危险性,但是对培养孩子坚毅的心态很有好处。例如,"哈佛女孩"刘亦婷的父母就给孩子进行过"握冰一分钟"的残酷训练，用来培养孩子的坚强意志和承受力。

　　父母或许不必找这样的机会刻意"锻炼"孩子，但是却可以在孩子生病的时候，不准孩子哭哭啼啼；在孩子遇到困难，想放弃的时候，用这样的方式告诉孩子坚毅的可贵。

## 3

　　在一件很小的事情上就能体现一个人是否具备坚强的意志力。历史上很多著名人士都是从最小的事情出发，他们先是鼓励自己做一件小事，然后不断地总结经验，最后才在大事上磨炼出更加坚韧的品格，才会一步步迈向成功。

　　孩子在锻炼自己的意志力的过程中，需要有非常自觉的态度，不管发生什么都要一直坚持下去。即使在这个过程中面临特别多的不顺利，也不能因此退缩。甚至需要不断地给自己压力，让自己的抗打击能力变得强大起来。

　　父母应该时刻提醒孩子做好自己才是最重要的，不能因为外界的干扰让自己分心，甚至因为外界的言语让孩子对自己产生怀疑。父母要一直和孩子共同成长共同进步，做孩子最值得信任的老师。多鼓励孩子，多给孩子信心，让他们相信自己可以做到。

# 每一件小事中都包含着"责任感"

## 1

5岁的花花,在一所幼儿园读中班,最近的课堂上老师在讲述和植物有关的知识。正是因为这样,花花便喜欢上了各种美丽的植物。她觉得那些植物看起来特别漂亮,希望妈妈能给她买一盆漂亮的植物。妈妈觉得孩子喜欢上植物是一件好事情,所以周末的时候就带着花花去附近的市场买了一盆漂亮的花。

妈妈告诉花花,既然是自己决定买的,那就要自己照顾植物,要按时给花浇水。花花觉得这不是难题,就很爽快地答应了妈妈。

在一开始的几天内,花花一直精心地照顾自己的花,她没事的时候就会去看看花的生长情况,发现土干了,就赶紧给花浇水。所以花刚买来的时候,花花特别勤劳、认真地照顾它。

花花的妈妈没想到女儿这么上心,因此特别感动。可是过了两个星期,花花的热情就开始消退了,她平时回到家里只是正常吃饭写作业,却忘记了还要给花浇水的事情。她已经忘记要照顾花,花已经掉了好多叶子,完全没有了以前的生命力。

妈妈发现花花的变化后,在一天晚上把花花叫了过去,语重心长地说:"花花,妈妈问你,你最近给花浇水了吗?"

花花低着头说:"对不起,妈妈,我把这个事情给忘记了。"

"你怎么会把它忘记了呢,它不是你的好朋友吗?当时我们在决定买下它的时候，你不是说要给它浇水，要照顾好它的吗？"

花花一时间不知道该说什么，惭愧地低下了头。

"你知道吗，花也是一种生命，它和我们人类一样，你看现在它枯萎了，它的心里一定很难过。你既然买它，就要对它负责。"妈妈严肃地说。

自从这件事情之后，花花一直坚持给花浇水，她觉得做这样的事情会令自己很开心。

## 2

学校组织去国家公园野餐，老师将需要带的东西分派了下去，由班上的每个同学负责回家准备一项。同学们有的负责去超市买食品，有的负责准备烤肉的炉子，有的负责所有的餐具……林林分到的任务是负责准备烤肉要用的调料。

期盼这次野餐已经很久了，因此，消息一得到确认，林林就开心地蹦了起来，直到放学回家，他都开心地楼上楼下地欢呼着，惹得爸爸妈妈一阵怜爱。

妈妈提议林林列一个单子，把需要带的东西先想好了，然后交给妈妈检查，这样不但可以防止遗漏，还可以防止没有经验的孩子漏拿了东西。

但是林林说，他要先出去跟小朋友宣布这个消息，回来后再列清单。他说："放心吧，爸爸妈妈。我会弄好的，别担心。"

妈妈虽然不是很相信他，但一想，这是一个很好的锻炼机会，就没有再要求他必须现在开列出清单来。

林林在外面玩了整整一天，临到晚上该睡觉的时候他才匆忙跑到厨房里收拾。

第二天，当全班人准备就绪，开始野餐时，林林却怎么也找不到酱油，只找到了醋，原来他一时疏忽，把醋当成了酱油，他惭愧地低下了头。这次教训让他意识到由于自己的疏忽影响了大家。

回到家后，林林对妈妈说起这件事情，妈妈没有过多的批评，只说了一句："负责，不仅仅对自己来说非常重要，对别人来说也同样重要。"

## 3

现实生活中，家长包办式的抚养孩子，渐渐让孩子产生了一种错觉：事情没做好不是自己的责任，而是父母的责任。比如，上学迟到，不是自己的责任，而是妈妈没有及时叫醒自己；上学忘记带书本，不是自己的责任，而是妈妈没有将书本收拾进去……甚至很多孩子产生了"书是为父母读，考试也是为父母考"的意识，他们并不知道，负责对自己有什么好处，对自己有多么重要。

要让孩子从小就明白责任是什么，除了在书本中让他们感受到一些东西外，也要通过一些具体的事例告诉孩子。让他们在小事中感受到责任是什么。当遇到一些棘手的问题的时候，要让孩子做到勇敢地战胜困难，用积极的态度处理问题，而不是总是逃避，找不到方向。从日常生活中的小事入手，让孩子在小事中明白一些道理。

当孩子学会在很小的一件事情中做到负责任的时候，其实他就已经明白责任到底是什么，并且已经知道责任的重要性。

# 吃点亏没啥，不要急于干涉孩子的冲突

有的孩子胆小、害羞，做什么事情都缩手缩脚；有的孩子自私、霸道，遇到问题先推给父母。这样的孩子很多很多，"妈宝男、妈宝女"已经成为现今社会很大的一个问题。他们不懂得如何与别人和谐相处，也不懂得如何处理矛盾与冲突。

## 1

公园里，两个孩子因为争夺秋千发生了冲突，令人感到惊奇的是，这两个孩子处理冲突的方式却截然不同。

其中一个男孩去找妈妈，哭着对妈妈说："妈妈，他欺负我，他不让我玩秋千！"而另一个男孩却说："这个秋千你已经玩两次了，这次该我玩了，我玩一会儿还会让你玩的。"

独生子女在小的时候，最大的问题就是霸道。在家里，一群大人围着小公主、小王子，像众星拱月一般；外出游玩也会带上专属的玩具与生活用品，防止与别的孩子产生抢玩具的尴尬。但是，进了幼儿园之后，无数家长陷入了苦恼之中，因为很多孩子为了抢玩具、抢座位、抢书……几乎每天都要哭鼻子。

听到孩子哭诉的父母，多半是受不了孩子受气的，不是找老师找园长投诉,就是找对方孩子家长理论,很多时候,在双方家长争执不休的时候,两个孩子转眼又和好如初。

聪明的父母,应该让孩子学习自己处理问题。没有人能够永远生长在父母的羽翼之下,犹如温室里的花朵,终生不出家门。与别人如何相处,如何调整自己适应环境,如何自己面对矛盾与冲突,是孩子从小就应该面对的问题。

孩子的天性是好斗、好胜的,在集体活动过程中,他们之间发生一些矛盾和冲突很正常。而他们处理冲突的惯用方式往往决定着他们是否具备领导才能。例如,与同伴发生了矛盾,很多孩子会哭着向老师或家长求救,这种类型的孩子对成人一般都具有很强的依赖性。

故事中的第二个男孩,与同伴就谁该玩秋千这个问题发生了矛盾,但他没有向成人求救,也没有通过暴力解决问题,而是与同伴协商:"你已经玩两次了,现在该轮到我玩了,我玩一会儿之后还会让给你玩的。"在这种逻辑清晰、有理有据的分析下,任何一个孩子都会遵守这个对大家都有利的规则。

所以,当孩子与同伴发生冲突时,家长先不要急于插手帮他们解决,而是应该鼓励他们自己解决,培养他们处理冲突的能力。

## 2

不少父母总是认为自己的孩子小,不具备自己解决矛盾或冲突的能力,实际上孩子是有解决困难的方法及策略的,所以,父母不要总去帮助孩子,应当放手让他们逐步学会自己处理事情,自己解决事情。这样,在他以后的人生路上,他会发现自己走得很轻松,知道如何去应对所遇到的一切困难。

　　张强和父母一起来到小区楼下锻炼身体。刚到楼下的时候,张强看到有一群孩子在不远处打篮球,于是他十分兴奋地就和父母说自己想和那群孩子一起打篮球。父母看到孩子如此热情高涨,答应了孩子的要求。

　　但是过了大概几分钟的时间,张强的父母就听到孩子们的争吵声。只是因为距离有点远,所以也不是太清楚他们到底在吵什么。张强的爸爸开始注意到孩子们的争吵声越来越大,张强的情绪变得越来越激动,而另外一个男孩也是这样。

　　张强的爸爸正想着如何劝解他们时,发现男孩直接和张强动起了手,并且将张强推倒在地。张强爸爸立刻走到孩子们的中央,把自己的儿子从地上扶起来,转身就问把张强推倒在地的男孩:"你为什么动手打人呢?"

　　由于那个男孩一脸的不服气,张强爸爸的情绪也变得比较激动了:"你到底是不是这个小区的?没有人管你吗?你的父母在哪里呢?好了,都不准玩了!回家!"

　　由于张强爸爸出面干涉,孩子们停止了争吵。篮球也不打了,各自回家去了。

　　但是此时的张强却是一脸的不满意:"老爸,这是我与他们之间的事情,为什么你说不让我们继续玩,我们就得停止?现在我什么都不想干了。"

　　在现实生活中孩子们在一起玩耍时,不可能总是顺顺利利的,十分和谐。小孩子之间总会出现一些小问题小冲突。作为父母有时看到自己的孩子受到委屈,心里会觉得不舒服,这是可以理解的。在没有了解事件发生的具体原因时,家长不应该只考虑自己孩子的利益,直接介入到事件当中,因为这样可能更会激发孩子之间的矛盾,反倒不利于孩子解决他们之间的问题。

一次,小雨与小表妹萍萍在客厅玩耍,不一会儿,两个小家伙就吵了起来。小雨跑来向妈妈告状:"妈妈,表妹抢我的积木!"还没等妈妈说话,萍萍就抢着说:"是表哥小气,他那么多积木呢,我用几块他都不给。"

妈妈没有判定这两个孩子谁对谁错,而是这样对小雨说:"你当小裁判员,你来分析一下这件事情应该如何解决。在此之前,你们可以把自己的想法都说出来。"

小雨想都不想地说:"表妹应该把积木还给我。"

萍萍也不示弱:"我不给,你那还有那么多积木呢!"

"但我想用那块半圆型的积木做小房子的房顶。"

"我也要用那块半圆型的积木!"

小雨和萍萍都看着小雨的妈妈,小雨的妈妈仍然不参与他们之间的矛盾,而是对小雨说:"你是小裁判员,你应该自己想出一个既公平又合理的办法。"

小雨想了想,对萍萍说:"这样吧,你是妹妹,我让着你,你先用那块半圆型的积木,但15分钟后你要把它还给我,然后我再用它做房顶。"

3

在孩子成长的过程中,父母应该多鼓励孩子与其他小朋友一起玩耍。一方面可以从小培养孩子为人处事的能力,另一方面也能够让孩子懂得如何与别人交往。比如,妈妈告诉孩子要和小朋友友好相处,协商处理问题。如果在与小伙伴交流玩耍时,孩子各方面做得都十分棒,那就应该给予孩子一些鼓励,适当地给孩子一些奖励。这样才可以不断激励孩子,以后他们才能做得更好。

父母在孩子们发生冲突时,不要一开始就介入到孩子中间去,甚至以旁观者的角度评判他们的对错。作为父母,首先要给予孩子一定的信任,学会站在孩子的角度考虑问题。要相信孩子具备独立处理问题的能力,让孩子独立解决他们的冲突,当孩子解决不了时,再给予孩子一定的帮助,这样才能锻炼孩子独立解决问题的能力。

如果父母总是插手孩子的事务,替他们做出决定,久而久之,孩子的学习能力与适应能力就会弱化。当他们长大之后,父母再来抱怨自己家的孩子"连一点小事都处理不好"时,那真是悔之晚矣。

# 穷养富养,都不能少了教养

很多时候,父母的一举一动、一言一行都会潜移默化地印在孩子的脑海里,影响到孩子未来路上的关键选择和决定,最终影响到他们的成长。教养不是天生的,但一个熊孩子背后,一定有修养缺失的父母。

## 1

妍妍性格开朗活泼,可是大家都不喜欢她,因为她有一个缺点就是爱骂人,妍妍的家人觉得这不算是个大事,毕竟孩子怎么可能没有缺点呢,所以就没怎么在意。

妍妍上了幼儿园后,经常因为爱骂人或者说脏话被老师批评,多次批评无效后,妍妍的老师让妍妍的爸爸妈妈来学校一趟,想要商量一个对策。

妍妍的妈妈听了老师的话并没有在意,所以就将这件"不起眼"的小事抛到了脑后。因为她想着孩子还小,哪知道那是骂人的话啊,等再大点就明白了,不用这么大张旗鼓的。因此,妍妍骂人的恶习并没有得到收敛,反而是越来越加重了。

眼看着妍妍就要上小学了,妍妍的爸爸妈妈早就看中了一所国际小学，这所小学的师资力量雄厚，他们想着上这所小学会对妍妍的将来有好处。因此他们带着妍妍参加了学校组织的考试，妍妍表现得不错，老师提的问题她都回答得很好。妍妍的爸爸想着应该没有什么问题了。

可是当结果出来的时候，妍妍的爸爸妈妈愣了，因为孩子没有通过这所学校的考试，他们想不通，妍妍的表现很亮眼，为什么是这样的结果呢，于是去学校想问清楚。

老师告诉他们，妍妍的确表现优秀，但是经过学校了解，妍妍的幼儿园老师的评价里有很多关于妍妍骂人的记录，所以学校认为一个没有礼貌的孩子是不能接受的。

文明礼貌是孩子做人的"身份证"，是孩子随身携带的"教养名片"。一个有教养的孩子必然有良好的文明礼仪，这样的孩子比较受人欢迎，也就是心理学上所说的"被众人接纳的程度高"。礼貌要从小培养，否则就会形成坏习惯，一旦形成坏习惯，再改就很难了。只要家长们从思想上认识到这个问题的重要性，并在生活中给孩子以正确的引导，就一定能够培养出讲文明、懂礼貌的孩子。

## 2

教养是一个人一生的无形财产，而幼年时期形成的道德修养将影响人的终生，它的重要性是人生其他时期所无法比拟的。所以，孩子的教养需要家长有意识的栽培，细水长流的浇灌。如果家长养而不教，孩子学而不行，这样的家教笃定是失败的。

妈妈带着晓晓去听音乐会，一路上晓晓兴高采烈，看看这儿，看看那儿，觉得什么都新鲜。

妈妈在进音乐厅之前，一再告诫晓晓，要遵守音乐厅的规则，不能大声喧哗，不然台上的叔叔、阿姨就会分散精力，不能演奏好乐曲。晓晓一再点头答应，并保证自己不乱说话。

演出开始了，人们陶醉在优美的音乐中。起先晓晓确实没有发出半点声音，安静地坐在座位上听音乐。可是没等第三支乐曲演奏完，晓晓就有些坐不住了。他开始扭着小屁股，东张西望，时不时地小声对妈妈说话："妈妈，这是什么曲子啊？我怎么听不懂啊？"

"晓晓，你刚才可是向妈妈保证过，不说话的啊。"妈妈看到晓晓蠢蠢欲动，就小声提醒他，"乖孩子，好好听，这乐曲多美啊！"

晓晓只好又忍了一会儿，可就在妈妈刚刚回到音乐的旋律中，晓晓开始找各种理由，一会儿"妈妈我要上厕所"，一会儿"妈妈我要喝水"，而且声音越来越大，弄得周围人都把目光投向他们母子。妈妈一个劲地说着晓晓，但晓晓就是不听，竟开始大声地嚷着要回家。这时，场内的管理人员马上把他们母子请出了音乐大厅，说这样会影响演员的发挥和观众的观看，如果晓晓不能安静地听演奏，建议妈妈带着晓晓离开音乐厅。

这期间晓晓不停地大叫，非要离开。无奈，妈妈只好气愤地带着晓晓出了音乐厅。

晓晓出了音乐厅，如释重负，欣喜若狂地大声喊叫着，引得路人回头观看。妈妈气得指责晓晓不听话，让他不要喊叫。可是晓晓却根本不理这一套，依然我行我素，就像刚从笼中逃出的野兽。路上不时有行人在他们背后指指点点，小声地说孩子没有教养，家长缺乏管教，让晓晓的妈妈颇为难堪。

如何培养一个有教养的孩子,是许多父母关心的问题。孩子长大走向社会,走向世界,那些在一举手一投足间就会说明一个人的修养的东西,是需要孩子在早期教育时就打下根基的。整个社会的发展、文化的传承,其实都和每个人从小的教养有关。

## 3

教养不是天生的,一个小孩子如果没有人教给他良好的习惯和有关的知识,他必定是愚昧和粗浅的。良好的教养是孩子一生享用不尽的财富。

教育不等于教养,有教育不等于有教养,教育和教养是完全不同的概念。教育教给人的是科学文化知识,逻辑分析能力;而教养则教会如何做人,如何尊重别人并且得到别人的尊重,如何遵守社会道德规范,做一个对社会有益的人。

教育和教养的区别是很大的。一个接受过良好教育的人,并不代表他拥有良好的教养。为什么很多人才高八斗,学富五车,却不受欢迎?是因为他们的教养不够好。受人喜爱和欢迎的人,则是懂得做人的人,有教养的人。

18世纪末爱尔兰政治家、思想家埃德蒙·伯克曾写过这样的话:"教养比法律还重要……它们依靠自己的性能,或推动道德,或促成道德,或完全毁灭道德。"一个孩子可以不聪明,可以不可爱,甚至也可以没有远大的理想,但是不能没有教养。

我们每一位家长都希望自己的孩子能健康成长,拥有美好的明天,那么,我们就应该注重培养孩子的良好教养。

# 把"不知道"从父母语言辞典中删去

好奇心是孩子智慧的嫩芽,提问则是孩子求知欲强烈的体现。

对孩子的问题,父母有时会很恼火,要么置之不理,要么默不作声,要么哄哄孩子敷衍了事,被惹急了的父母甚至会甩手打孩子两巴掌。

孩子的好奇心需要父母的呵护,尽管他们的问题有些很可笑,但你必须认真对待。

## 1

好奇心,每个人都有,在孩子身上表现得尤为突出。苏联教育家苏霍姆林斯基曾说:"在儿童的心灵深处,都有一种根深蒂固的需要,就是希望自己是一个发现者、探索者和成功者。"成人眼里平淡无奇的事物,在孩子的眼里都是神奇而不可思议的。因此,他们也会就此提出很多个"为什么":小鸟为什么会飞?飞机为什么不会掉下来?花儿为什么有很多种颜色?等等。

作为一个合格的父母,一定不能用"不知道"来回答孩子的"为什么"。

那样的回答会扼杀孩子求知的热忱。

# 2

亚君6岁时，生病住进了医院。有一天，妈妈带着亚君的叔叔来看他。亚君的叔叔是个探险家，去过很多地方。为了给亚君一个惊喜，叔叔给他带了小礼物。说话间，叔叔从包里掏出一个圆圆的，像钟一样的东西。小亚君吃惊地说："这个钟怎么只有一根针呢？"叔叔笑了笑，说："这可不是钟，是罗盘，又叫指南针。""这就是罗盘啊？我听妈妈说过，怎么这针只指一个方向啊？"

于是，叔叔给他讲了地球的磁场与地理方向的知识。"我们屋子里也有磁力吗？""磁力是怎么产生的？""空间又是什么？"一连串的问题像珠子一样从亚君嘴里蹦出来，叔叔被问得直冒汗。很快，叔叔就回答不出亚君的问题了，亚君很失望，只好自己摆弄那个罗盘。

妈妈把这一切都看在了眼里，好奇心是最好的老师，于是妈妈趁着叔叔在这儿度假的时间，给亚君准备了很多物理学方面的书，亚君也一点一滴地弄明白了那些问题。很快，亚君就掌握了罗盘的原理，还知道了很多相对他年龄来说还很高深的物理学知识。后来，亚君在数学与物理学方面的领悟能力，总是比同龄孩子高出许多。

面对孩子的好奇，父母对孩子的慈爱是第一位的，只有这样才能让孩子感受到父母的认同，从而能继续无忧无虑地好奇下去，为进一步激发兴趣做好准备。

# 3

有一位母亲这样说："一天晚上我在做饭,忙得团团转,顾不上孩子,就给了他一本图画书,让他自己看,孩子很小,特别好奇。隔一会儿就拿着书来问我这是什么,那是什么,为什么会这样,为什么是那样。由于我当时心情不太好,再加上手忙脚乱的,看他问起来没完没了,忍不住来了气,于是吼了他一句:'哪儿来的那么多为什么?自己想!'从那以后,他再也不问我为什么了,话也少了很多。常常一个人坐着,一个人玩。我就想,是不是那天话说得有点过分了。现在真的很后悔。要是我当时对孩子多一点耐心,可能就不会变成这个样子了……"

孩子对一样东西产生兴趣的源泉就是好奇心。孩子经常问"为什么",就证明他的好奇心在增长,越是好奇,问题就越多。这种好奇心每个孩子都有,只是各自程度不同,这取决于父母对孩子的问题的态度。这个时候,如果大人因为心情不好或者工作忙而对孩子加以敷衍,那么孩子萌发的求知欲和好奇心就会受到破坏。

在现实生活中,许多父母往往忽视孩子的提问,甚至嫌他们提问多、烦人而粗暴地训斥他们,使得孩子不敢再提问,对周围一切都失去应有的好奇与热情。要知道,孩子一旦失去好奇心、求知欲,再重新激起是很困难的。

如果你实在很累或者很忙,你可以对孩子说:"你提的这些问题很有趣,可是爸爸(妈妈)现在很累,很忙,你先记着这些问题,爸爸(妈妈)明天专门回答你,好不好?"对于已经会写字的孩子,你完全可以让他把要提的问题一个个记录下来,等你有时间了,再一一去给他解释。但记住,你对孩子许诺了,千万不要食言。

　　尊重孩子的好奇心,就要正确对待孩子的提问。这样不仅是对孩子求知欲的一种鼓励与满足,而且也可以教会孩子热爱书籍、不耻下问、尊重科学知识、严谨治学等态度,并能使父母从孩子那儿取得更大的信任。

# 第六课

## 慢 养

——人生是长跑，孩子要慢胜

# 你的孩子都有些什么习惯

有的孩子习惯了早睡早起,有的孩子习惯了晚睡晚起,有的孩子习惯了读书学习,有的孩子习惯了打电游泡网吧,有的孩子习惯了彬彬有礼,有的孩子习惯了粗鲁不堪……

你的孩子都有些什么习惯?

## 1

人的思想是具有习惯性的,所以人总是习惯于做某事,习惯饭后喝咖啡,习惯饭后散步等等。习惯对于人具有深远的影响,我们的日常生活大多是源于习惯,习惯渗透在生活的方方面面。

有个小男孩辍学很早,家里就想给他找个师傅教他一门手艺。厨师?挖掘机?汽车修理?兜兜转转选了很多专业,都被小男孩拒绝了,最终选择了学习理发。

师傅安排他学习剃头,先把技术要领给小男孩讲一遍,他很快就会领会,况且这门手艺不是很难学,听了师傅的讲解,小男孩每天在冬瓜上练习剃头的基本功。一年过去了,小男孩的剃头水平也越来越高,基本上可以出师了。师傅见到徒弟的成就也特别高兴。

可是有一天,师傅发现了一个非常严重的细节问题,小男孩每次练习完,看到自己满意的"作品",都会习惯性把剃刀插在冬瓜上。师傅对他批评一番:"你知道你有这样一个坏习惯有多危险吗?"

小男孩疑惑地问:"师傅,这怎么算坏习惯呢?又不是给人剃头,现在是给冬瓜剃头。"

"难道你要永远给冬瓜剃头?"

"给人剃头的时候,我肯定会注意的!

"不管怎样,你这个坏习惯一定要改!"师傅斩钉截铁地说。

可是小男孩在训练的时候,依旧没有按照师傅说的做,每次训练师傅都要提醒他,他只是说:"我习惯了。"

直到有一天,小男孩变成了大男孩,他学到了理发的手艺,准备自己开店了。有一次给顾客剃完头就把剃刀往顾客头上插,造成了严重后果,理发店刚开业就因此而关门了。

## 2

曾经有位教育专家说过:"好习惯是人在神经系统中存放的资本,这个资本会不断地增长,一个人毕生都可以享用它的利息。而坏习惯是道德上无法偿清的债务,这种债务能以不断增长的利息折磨人,使他最好的创举失败,并把他引到道德破产的地步。"概括地说,一个人如果养成了好的习惯,就会一辈子享受不尽它的利息,成为一个有教养的人;反之,如果养成了坏习惯,就会一辈子都偿还不完它的债务。这就是习惯。

1978年,75位诺贝尔获奖者在巴黎聚会。有人问其中一位:"你在哪所大学、哪所实验室里学到了你认为最重要的东西呢?"出人意料,这位白发苍苍的学者回答:"是在幼儿园。""在幼儿园里学到了些什么呢?"学者答:"把自己的东西分一半给小伙伴们,不是自己的东西不要拿,东西要放整齐,吃饭前要洗手,做了错事要表示歉意,午后要休息;学习要多思考,要仔细观察大自然。从根本上说,我所学到的全部东西就是这些。"

把这位科学家的看法概括起来,就是他们认为终身所学到的最主要的东西,是幼儿园老师帮助他们培养的良好习惯。这个故事诠释了一个道理,从小养成的良好习惯会伴随人的一生。

## 3

习惯决定行为,行为产生结果。这就是习惯的作用。每个人都是不自觉地按着自己的习惯行事,好的习惯带来好的结果,坏的习惯带来不好的结果。可以毫不夸张地说,习惯决定一个人的命运。

习惯的力量是巨大的。培养孩子良好的习惯,是家长赠予孩子一生最好的礼物。好的习惯会陪伴孩子一生,对于孩子今后的生活、学习、事业的成败关系重大,也是孩子全面发展的重要基础。

# 再坚持一下,你会看到奇迹

孩子学吃饭时,你嫌他吃得慢,所以一直喂饭到五六岁;孩子学走路时,你嫌他走得不稳、走得太慢,所以不让他多多练习;孩子学着读书时,你嫌他学得慢、问题多,所以让他随便玩去。

后来,你总是在后悔,为什么当年没有让孩子多坚持一下?

## 1

刘韬的家庭条件很好,父母平时对他的生活和学习都非常重视。他们的理想,就是将孩子培养成为一个优秀的人才,希望孩子将来能有一番作为。而刘韬也不辜负父母的期望,学习成绩优异,也非常有教养。不过,他却有一个非常明显的缺点,那就是遇上困难的时候常常会逃避。

一次,学校举行模型比赛,他和同桌钟山一组。在制作模型的时候,他俩遇到了一个很大的问题,几经试验也没有取得成功,原本热情高涨的刘韬在经历了几次失败之后就有点泄气了。他犹豫地对钟山说:"钟山,你说我们的方法能行吗? 都试验了这么多次了,还没有成功!"

"没有关系的,距离比赛还有一段时间,我想只要我们努力研究,一定能够成功的！"

但是在后来的试验中，再次遭遇失败的时候，刘韬彻底放弃了。钟山只好一个人自己试验，最终获得了模型比赛的第二名。看着喜笑颜开的钟山，刘韬的心里很不是滋味。

马云说过："今天很残酷，明天更残酷，后天很美好，但是绝大多数人死在明天晚上，看不到后天的太阳！"所以在通往成功的道路上，我们只需要再坚持一下，一定会走向成功，但是很多人在途中就心力交瘁、疲惫不堪，最终选择了放弃。

## 2

孩子生活在象牙塔内，面对困难往往会选择退缩，没有努力克服的决心，这主要是因为这些孩子在家庭中享受着丰富的物质生活。家长由于疼爱孩子，事事为孩子扫清障碍，使孩子缺乏承受挫折的条件和心理准备，这使得孩子的抗挫折能力变得低下。

其实，很多事情很容易成功，也很容易失败，因为成功与失败只有一步之遥。只要再咬紧牙关坚持一下，就一定可以成功，成功有秘籍吗？有！那就是坚持坚持再坚持。

坚持是一个人身上非常重要的品格，这也是一个人能否成功的主要因素。在孩子的成长过程中，培养孩子的坚持力是非常有必要的，这将对他的人生有很大的影响。当然父母能否坚持也会影响到孩子。家长和孩子一起努力，家长做好表率，这才是最好的以身作则。

## 3

"不积跬步,无以至千里;不积小流,无以成江海。"缺乏坚持的人是无法取得成功的。

在我们的一生当中,会遇到很多拼尽全力去做才能成功的事。在荆棘密布的人生中,除了要有高昂的斗志,在摸索当中,父母还要让孩子拿出勇敢者的气魄,大声地对自己说一声:"坚持一下,再试一次。"那么,成功就会成为现实。

# 一个孩子要思考多少问题才能长大

大事、小事都要请教父母,私事、公事都要依赖父母,这样的孩子长大后能成为"独当一面"的栋梁吗?

一个孩子能否成才,关键还是在于从小能否进行独立思考能力的锻炼。纵观世界上那些有杰出贡献的人,他们都有一个共同点,那就是善于思考。

## 1

有着"数学王子"之称的德国数学家高斯,是个从小就善于思考的人。

高斯的父亲是泥瓦厂的工头，每星期六他总是要发薪水给工人。在高斯三岁时，有一次当高斯的父亲正在计算该发多少薪水的时候，小高斯站了起来说："爸爸，你弄错了。"然后他说了另外一个数目。原来三岁的小高斯趴在地板上，一直暗地里跟着他爸爸计算该给谁多少工钱。重算的结果证明小高斯是对的，这把在场的大人都惊得目瞪口呆。

在高斯十岁的时候，老师在算术课上出了一道难题："把1到100的整数写下来，然后把它们加起来！"

其他的学生把数字一个个加起来，额头都出了汗水，但高斯却静静坐着。老师发现高斯没动笔，而是皱着眉头想事情的样子，于是走上前来问他怎么了，为何还不开始计算？

小高斯笑了笑，对老师说，他已经知道答案了，是5050。

老师惊得目瞪口呆。

高斯对老师说，他仔细观察了这些数字，发现这一组数字中1加100等于101、2加99等于101……这样的等式一共有50个，因此这道题可以化简为"$50 \times 101 = 5050$"。


看完这个故事，大家肯定认为高斯是一个很聪明的人，他简直就是个神童。

其实高斯并不是大家认为的神童，只是他善于思考而已。

很多人拿到一道题，看上去很努力地计算，但是却不用大脑思考其中的规律，然而那些善于思考的人，不费吹灰之力就可以得出结果。

日常生活中，很多孩子一遇到困难不去想方设法克服，而是想方设法逃避。

如果一个孩子有独立思考的能力，那么他才会有自己的思想和小世界，才能够将命运掌握在自己手中。作为家长，应该培养孩子主动思考、独立思考的习惯，不要一味地帮助他，可以引导孩子思考，克服困难后加以鼓励，这样他在以后的道路上才会书写更辉煌的人生。

## 2

世界首富比尔·盖茨从小显露的最大特点就是不停地思考。

当母亲叫他吃饭时，盖茨置若罔闻，甚至整日躺在他的卧室里不出来。当母亲问他在干什么的时候，比尔·盖茨总是回答："我正在思考！"

有时他还责问家人："难道你们从不思考吗？"比尔·盖茨的头脑似乎时刻都在高速地运转。直到现在，微软公司还流传着这样一种说法："和大多数人谈话就像从喷泉中饮水，而和盖茨谈话却像从救火的水龙头中饮水，让人根本应付不过来，他会提出无穷无尽的问题。"

比尔·盖茨之所以有今天的巨大成就，与他从小养成的善于思考的习惯是密不可分的。思考习惯的养成对于孩子以后思维方式的形成以及知识的积累都有很重要的作用。

家庭教育的重要性已经不言而喻，但是很多家长还是不知如何教育孩子，只要孩子听话就行，根本不关注孩子的思想，也不会让他们参与家庭重大事情的讨论。殊不知，这样扼杀了孩子独立思考的能力。

如果孩子给了家长建设性的意见，家长一定要第一时间夸奖他，以便激发他的信心和独立思考的积极性。孩子培养出了爱思考的好习惯，在学习和生活中就会更加乐于探索和思考。比如说，当孩子问爸爸妈妈问题的时候，父母要引导孩子思考，而不是立马给他答案，也可以陪孩子一起寻找答案。在此过程中，家长要多向孩子提问问题，和孩子一起讨论，给他创造一个思考的环境。

3

每个人的思考能力都是无限的，正确的思考可以使我们有正确的努力方向。思考后还要有执行力。执行力的缺失，导致事情的失败和终结。所以，每一位爸爸妈妈都要学会启发孩子。培养孩子独立的思考能力，能为孩子将来的成功打下坚实的基础。

# 别让孩子成为一只流泪的蜗牛

大多数父母都知道《揠苗助长》的故事，但是到了自己养育孩子的时候，还是忍不住想要时不时给孩子"拔高"一下，以便孩子快速成长。事实上，这样，只会让孩子失去更多。

1

什么是进步，所谓进步是按孩子的标准，还是按父母的标准？孩子有了怎样的变化才是进步,又有多大的进步在家长看来才是进步?

这些问题,每一个父母都应该好好地问问自己。其实答案就在家长的心里,就看家长怎样界定孩子的进步。

父母对孩子的要求要在孩子的能力范围之内,但更要告诉孩子的是,进步是一点点积累而来的,凡事都不可能一蹴而就。

一直以来,小童都是刻苦努力的孩子,可是成绩依旧不见起色。慢慢地,他对自己失去了信心。

有一天,爸爸妈妈带他到公园去玩。突然,爸爸指着旁边的树问:"你知道这是什么树吗?"

小童说:"矮的是冬青树,高的是杨树。"

爸爸接着说:"是的,记得当年在我小的时候,这两排树是同一年栽下的,可如今高矮分明,你知道是什么原因吗?"

小童思考了一下说:"不知道,为什么不是一样高呢?"

"因为这是两种树,不同的品种就有不同的生长周期,并不是每一种树都长得很快。每天只要有一点小小的进步,通过一天一天的积累,到某一刻就会收获不小的成绩,只要它在不断地坚持,取得一点点的进步也是好的。"

小童忽然明白爸爸给他说这段话的意图。从此,他努力学习,从不放弃,到了高中,他的学习成绩终于有了质的飞跃,在全年级中名列前茅。高考那年,他以优异的成绩考入了一所名牌大学。

来自父亲的鼓励让孩子记住了,成功需要一个漫长的过程,并不是一蹴而就的。珍贵的东西总是经过了漫长而艰辛的成长过程才积累起来的。所以,父母不要因为孩子没有取得明显的进步而变得焦躁不安,在孩子没有取得进步的时候,就对孩子不闻不问,总是吝啬自己的鼓励与赞美,只有在孩子取得了很大、很明显的进步之后才说出自己那宝贵的认可与赞扬。这样会使孩子觉得自己平时的努力都是不值得的,会认为父母只是在乎自己取得的成绩,而不关心自己的努力与付出。

## 2

父母要善于观察孩子取得的那一点点小进步,因为没有这一点点小的进步,孩子的突飞猛进是不可能的,但是孩子的每一点进步都要在正确的方向上。这样一点一滴积累的进步才是稳步的。

天天是一个学习很认真的孩子,他有一个习惯,那就是经常把错题全都摘抄到一个本子上,每次考试前复习,他不用花时间看别的,只要看错题集就可以了。

可是制作错题集是一件很麻烦的事情,不仅要重新把题抄写上去,而且还要分析错误的原因,除了做学校老师布置的作业,天天还要花时间做这些。

这到底有用吗?实践证明,天天的做法是正确的。他不管作业有多少,每天就挑选出一道最具代表性的错题整理。一个学期下来,天天改正了很多错题,将自己不会的题目和曾经错误的都整理在一起,集中学习和消化。意料之中的是,他的期末考试考出了优异的成绩。

只要有进步,就不怕慢。每天的一小点进步,都是凝聚自身价值的积累。当有一天,积累足够多时,自然会产生质的飞跃与提高,而绝不是偶然的幸运。

因此,父母要让孩子每天进步一点点,告诉孩子不要因为进步不明显,就抱怨,乃至放弃。我们要告诉孩子,学习是永不停止的事情,巩固成绩是最重要、最基本的事情,然后就是要不疏忽一点一滴的小进步,这样就可以不断地超越自己。


## 3

即便是孩子取得了一点点进步,作为家长也要多多鼓励他。"你看人家的孩子进步多大……"之类的话,会挫伤孩子的信心,打消他努力的积极性。懂得教育孩子的父母,就懂得维护孩子的自尊,会站在孩子的角度去思考问题,懂得不和别人家孩子攀比。

有一首童谣叫《蜗牛与黄鹂鸟》。相对于黄鹂,蜗牛无疑是慢的,可是,蜗牛并不因为黄鹂鸟的讥笑、也不因为自己慢而放弃,而是本着"等我爬上它(葡萄)就成熟了"的信念,始终坚持"一步一步地往上爬",最终品尝到甘甜的葡萄,享受到丰收的喜悦。

只要孩子有着蜗牛般执着的信念,有着蜗牛般一步一个脚印的踏实,不断地积累进步,他们最终就一定会品尝到成功的喜悦,以最好的成绩回报父母!

每一个坚强的孩子都不会在乎前进道路上的挫折,而是信心百倍地投入每一次新的战斗。每一个孩子都不在乎奔赴理想的道路有多苦,在这个过程中,他们会调整自己的心态,转换自己的思维,以求离自己的梦想更近一步。

# 永远不要放弃孩子的"想象力"

孩子天马行空的想象力常常让父母啼笑皆非。面对鬼马精灵的孩子,你是支持他,还是打击他?

家长保护好孩子的想象力,就是保护孩子的创新能力,这比任何模仿秀都重要。

## 1

一天吃完饭,妈妈检查小白的语文作业时,发现作业中有一道题的要求是用"活泼"造三个句子。

小白写的内容是:"1.活泼的小兔子总是蹦蹦跳跳的。2.我活泼、可爱,大家都喜欢我。3.鱼游过去,水很活泼。"老师在前两句上都打了"√",却在第三句上打了一个"X"。

小白满脸疑惑地问妈妈:"第三句,不对吗?"

小白妈妈说:"对。"

"那为什么老师说错了?"小白继续问。

小白妈妈心想:"很多中学生,或者有更高学历的人都不一定会想出如此生动的句子。"于是,妈妈对小白说:"妈妈也不知道为什么错了。妈妈觉得这个句子很好、很美。反正前面两个句子都对了,而且你也会用'活泼'造句了,这个知识你学会了,我的儿子真聪明。"

听到表扬,小白很高兴,嘴里重复着:"鱼游过去,水很活泼。"

小白妈妈暗暗祈祷儿子没有意识到老师的"错误",以后在造句作业中还可以写出这样的句子,保持自己无拘无束的想象力。

孩子的头脑从来就不是一个要被填满的、盛装知识的容器,而是一把需要被点燃的、等待着光芒万丈的火炬,而有想象力和创造力的孩子在学业、事业及未来的发展道路上,都会有更多的创造之举。

## 2

对于孩子一生的学业与发展前途来说,考试成绩与排名不是最重要的,最重要的是孩子那可贵的兴趣和好奇心、想象力和创造力的发掘与利用。

19世纪俄国最伟大的作家列夫·托尔斯泰向人们提出忠告:"如果学生在学校里学习的结果是使自己什么也不会创造,那他的一生将永远是模仿与抄袭。"

"妈妈……妈妈……"4岁的女儿欢喜地跑到妈妈的身边。

"什么事,宝贝?"妈妈问道。

"妈妈,我发现了一个重大的秘密!"女儿神秘地说。

"是吗?那是什么秘密呢?"妈妈看到女儿认真的样子,忍不住笑了。"我发现有个小虫子会发光。"女儿得意地从背后拿出一个瓶子。

"哦?这样啊,你知道这是什么虫子吗?"妈妈问道。

"嗯……不知道。"

"那你猜猜看呢，妈妈以前教过你的。"妈妈耐心地问女儿。

"因为这个虫子会发出火一样的光，哦！我记起来了，是萤火虫！"女儿兴奋的拍手叫道。

"对啦，宝贝真棒！"妈妈亲了孩子一口。

在孩子稚嫩的心里没有定式，所以他们会告诉大人很多"重大发现"，他们会带给大人、父母很多社会常规之外的灵动与新奇，让我们这些大人、这些已经为人父母的人不禁感叹："我们的创造力、想象力是如何不知不觉地丧失掉的。"

所以在感叹之余，父母一定要发现孩子的创造力与想象力并呵护好，这样我们孩子的未来生活才会更加美好。

## 3

孩子的想象力与思维是无拘无束的，不被社会上的条框、成人世界的固定思维所左右，因此父母不要扼杀、忽视了孩子美好的、有创造力的、富于想象力的天性，而是要将孩子的创造力与想象力呵护好，并争取最大限度、尽可能地开发出孩子的这种潜能，让孩子释放他们的巨大能量。

有创造力和想象力的孩子，往往具有强烈的好奇心、顽强的毅力和勇于拼搏的进取精神。强烈的好奇心让他们善于发现更多、更好的新鲜事物，顽强的毅力支撑着他们去求证那些新发现的来龙去脉，因此他们会一直进取而不放弃。

# 第七课

## 情 商

——高情商的孩子，终究会被生活善待

# 爱是孩子萌萌的软软的表达

爱是一种很玄妙的东西，

自有人类就有爱，

父子之爱、母女之爱、姐妹之爱、兄弟之爱、师生之爱、朋友之爱、

夫妻之爱、情人之爱……

爱无所不在，

沉浸在爱的滋养中，

孩子会更加快乐、健康。

## 1

有个漂亮可爱的小女孩，从小就喜欢别人给她买吃的玩的东西。每次爸妈带她到朋友家玩，她的小嘴巴甜甜的，叔叔阿姨给什么就拿什么，甚至直接跟叔叔阿姨说想吃什么，玩什么，叔叔阿姨就把家里有的东西"奉献"出来。她的爸爸妈妈也不教育女儿这种"随便索取"是不对的，由此孩子逐渐形成了伸手索取、随便接受馈赠的习惯。对他人的给予没有了感觉，感激之情渐渐泯灭，这为小女孩以后的悲剧埋下了种子。

大学时，这个女孩因为长得漂亮，受到好几个男生的青睐，纷纷

给她买礼物。甚至有的男生每月给她几百块钱,她都随随便便接受,她认为这是理所当然的。后来,她也因此与一位男生发生了矛盾。她接受了这位男生的钱物,却最终没有选择他,引起了男生的不满。男生在失去理智的情况刺了她一刀,让她毁了容,悔恨终生。

让孩子学会给予,首先要让孩子懂得不能随便接受别人的东西,不允许孩子自己主动去向别人要东西吃,告诉孩子这样没礼貌;别人给自己东西时不要挑选贵重的,陌生人的馈赠不能接受;熟人的馈赠先婉言谢绝,实在盛情难却时,要孩子真诚地说声"谢谢",并在恰当的时候报之以李,等等。

## 2

当东南亚海啸地震,香港电视播放赈灾的场面时,6岁的儿子竟然说:"香港人捐了那么多钱啊,我都愿意我们这里地震海啸,那些钱就可以给我们啦!"

妈妈立刻给儿子讲了个故事:"从前有两个人要投胎到世上,临行前到上帝那里告别,上帝问他们有什么要求。一个说:'我喜欢什么都是别人给我,穿的吃的住的用的……'另一个则说:'我愿意把自己的任何东西都分给别人,只要我手头有……'上帝答应了他们。

"果然,喜欢'别人给'的那人到人间做了衣不蔽体、食不果腹的乞丐,天天到街上做伸手派,当然,吃的穿的住的都是不好的;愿意'给别人'的那个则成为大老板,生意顺利挣了很多钱富甲一方,他经常做善事,捐钱建敬老院和学校,给贫困的人……

"儿子,你愿意做'给别人'的强者还是'别人给'的弱者呢? 遭受海啸地震的人们,房子没有了,亲人也没有了,生活很困难……其实,喜欢给予的人才是强者!"

妈妈说完,儿子脸色庄重地说:"那么把我的零花钱捐给灾区吧!"

教给孩子明白,帮助曾经帮助过自己的人也是一种给予。"给予"和"接受"是两个方面。当我们帮助别人时,我们也在帮助自己,当我们帮助自己时,也是在间接帮助他人。真正的快乐,应该是无私的。那就是自己快乐,也为别人创造快乐,这快乐必将扩大十倍、百倍、千倍……

对孩子的给予行为妈妈要给予及时的表扬。生活中也有很多妈妈,看见孩子吃东西时逗孩子,但孩子给她东西时,又不吃,这样是在教育孩子"就是给了爸爸妈妈他们也不会吃的"思想。所以孩子主动给东西时,一定要吃下去,虽然孩子的食品少了,但他的精神"粮食"多了。

此外,言教的过程中应伴随身教。身教是一种无声的教育,妈妈不但要用语言告诉孩子给予的道理, 还要用自己的行动示范给孩子看,成为孩子的榜样。

## 3

爱是一种高尚的情操,更是一种能力,要让孩子从小懂得爱,因为能够给予爱的人是幸福的,也是健康的。

现在的孩子在家里大多是"小皇帝",衣来伸手饭来张口,有求必应,只知索取,不知给予,大人也不计较这些,认为孩子小,还不懂事,就处处顺从孩子。在这样的家庭环境中成长起来的孩子,成年后心理上都会有一定的缺陷,他们会认为我所得到的一切都是理所当然的,是别人应该给我的,几乎没有给予别人的概念,甚至在他们没有得到时,会对周围的一切充满抱怨,甚至仇恨。

但是孩子将来早晚要进入社会,成为社会人,和各种各样的人打交道,到那时如果孩子只"受"不知"给",就容易产生人际关系危机,却不知该如何处理,因为社会不可能"无条件"给予任何人想要的东西。

## 激活孩子的同理心,宽容是最大的爱

江海纳百川,方能波涛汹涌;森林纳万草,才可郁郁葱葱。而对一个孩子来说,只有学会包容他人、宽恕他人,才可以健康地生活和成长。

### 1

曾听到这样一个故事,一个孩子站在大山上,对着空谷喊:"喂!"山谷给他一个回音:"喂!"

"你在干吗?"

山谷回音:"你在干吗?"

"你是个大坏蛋。"

"你是个大坏蛋。"

无论这个小孩说什么,山谷都会重复他的声音。

这个孩子很不能理解为什么会出现这种情况,所以跑去问妈妈。妈妈说:"孩子啊,这个大山是最包容的,你对它说什么,它就会对你说什么,就如同在生活中,你对别人怎么样,别人也会对你怎么样。"

很多事情都是有原因的,也都遵循着这种回声原理,所以自己的所作所为才是人际交往后果的根本原因。

这位妈妈是明智的,教会孩子懂得如何宽容待人。孩子若是学会友善对待他人,将来才有成就更多的可能。

## 2

一次周燕一家三口驾车去郊外游玩。

大家非常高兴,一路上有说有笑。可是,刚开出不久,就连续遇到了五六个红灯。眼看快到路口了,又碰到了一个红灯。开车的爸爸倒没觉得什么,周燕心里却有些焦急:"真倒霉!一路净碰到红灯了,每次就差那么一步。"

听到周燕的话后,爸爸笑了笑,摇了摇头,似乎遇到红灯,他的心情反倒好了。这时,儿子却对周燕说:"妈妈,我们不倒霉,绿灯时,我们总是第一个开过去的。"听到孩子的话,周燕也笑了。

让孩子学会宽容,因为宽容意味着理解,其实也就是要让孩子摒弃斤斤计较的毛病。父母要深入生活的点点滴滴去教育孩子,也不能只看到孩子的缺点,要善于发现孩子的长处,鼓励赞美孩子,才会让孩子更加有信心和能量生活在这个社会上。

比如,当孩子抱怨:"我的玩具车被强强借走好几天了,还没有还给我。"父母可以这样回答:"没关系的,他可能很喜欢,还没有玩够呢,上次他把篮球借你玩了很久呢。你还有很多车可以玩呢,别着急宝贝。"

如果孩子说:"我不喜欢强强这样。"这个时候父母就要注意引导孩子:"你为什么这样想呢?"教育孩子多看别人的优点,不要对别人吹毛求疵,尊重别人,别人才能尊重自己,这是朋友之间友好往来的准则。要让孩子学会这项准则,才能使他们的人际关系协调。

## 3

美国密歇根州立大学的研究人员进行的一项研究就发现,当人们想要报复他人时,血压会明显上升;而在宽容他人时,血压则显著下降。因此,作为父母一定要培养孩子宽容的习惯。

首先,就要教孩子善待他人。父母是孩子的第一任老师,很多事情孩子都是向父母学习的,所以父母不仅要对人宽容,更要学会宽容自己的孩子,这样孩子自然会以父母为榜样,学会宽容。

让孩子学会宽容,多看别人的好处,不要把别人的缺点牢记在心里。只有宽厚地对待别人,才能获得别人的爱戴与敬重,才能赢得更多的朋友。

# 活在别人眼里,将永远找不到自己

　　《父子抬驴》的故事广为流传,在生活中面对别人的质疑时,你的孩子会怎么做?

　　立刻改变自己的做法,还是坚持自己的想法一直前行?

　　面对糖衣炮弹的诱惑时,你的孩子会主动拒绝,还是欣然接受?

## 1

　　生活中,孩子受许多因素影响,这些因素中好的,也有需要杜绝的,所以,父母一定要帮助孩子接受好的因素的影响,摆脱不好因素的干扰与支配。对于外界的不良诱惑,要让孩子将自己的原则、想法坚持到底,绝不妥协。因为一时的自制是没有任何意义的,只有每次考验来临时,都能坚决地说"不",才能把握好自己人生的方向盘,才不会有"刹车失灵"时的追悔莫及。

　　孩子人生的胜负由孩子自己决定,要让孩子明白,他人的言论、评价可能是不对的、不公正的、不客观的,所以,要经过仔细的分析后,再予以正确的对待,俗话说:"有则改之,无则加勉。"

　　爸爸带着琪琪在游乐场玩,这里的游乐项目有很多,琪琪玩得不亦乐乎。出了大量的汗之后,琪琪口渴不已,爸爸在超市里买了瓶水给她喝。

琪琪喝完水,随手就把瓶子扔在了垃圾箱。

爸爸突然爽朗地笑出了声。

琪琪很疑惑:"咦,爸爸怎么突然哈哈大笑呢?是在夸我把垃圾扔在了垃圾桶吗?但是他以前怎么没有这样呢?"

带着这些疑问,在回家的路上,琪琪问爸爸大笑的原因,爸爸说:"你做得很对,但是我的大笑和你所做的事情无关呀。我不过当时觉得超市的一个广告很好笑。你为什么在乎爸爸的笑呢?"

他人的一句评论、一声大笑、一种姿态常常能影响到孩子的情绪与想法,让孩子陷入到无法自拔的困境中,而之所以产生这种情况,很多时候都是因为孩子受到了外界环境的影响与摆布。即使是大人,有的时候也会被外界的不良因素干扰到情绪,何况是心智尚未成熟的孩子。这就需要父母帮助孩子对自己有一个恰当而正确的定位,自信地面对一切,明白什么是自己一定要坚守的原则,然后坚持到最后。

## 2

暴风雪过后,妈妈牵着女儿走在乡间小道上。

雪地上有一条被人们扫出来的小路。很多人都沿着这条路小心翼翼地走着。不一会儿,女儿穿着小靴子朝着雪地走去。

妈妈一把拉住女儿,并对她说:"回来,不要往那里走,靴子会湿,你也会摔倒的!"

女儿却得意地说："妈妈，你看我的靴子没有湿，我也没有摔倒呀。"

妈妈转身一看，女儿在雪地里踩出了一条属于自己的脚印和痕迹，然而自己脚下，却是别人走过的路。

很多时候，对于孩子来说，抵抗外在的干扰与诱惑，要比坚持自己的想法容易。一个孩子一旦有了正确的世界观，对事物有了一个正确而合理的判断，那么就会很自觉地抵制外界不良因素的侵扰。如果孩子自己内心渴望的、追求的东西，得不到别人的认可，甚至听到一些怀疑、否定、批评的声音，那么孩子的心里就会产生一些疑问："我这样做对不对？""如果对，为什么会有反对的声音？"

遇到这样的情况，父母就要告诉孩子，每个人的想法、见解都不一样，理想与追求也不相同，所以，要多倾听自己心底的声音，在不违反道德、法律的前提下，自己认为是对的事情，就要坚持认真地做到底，开拓一条属于自己的路，并记录下自己的收获与成绩。

## 3

成功有一条法则是去做别人没有做过的事。成功是用自己的双脚踩出一条属于自己的路，而走好这条路，也不是那么简单的。要抵御外界的摆布，要抵制许多干扰与诱惑，这样，每一个孩子都可以自豪地说："我在认认真真地走我自己的路。"

只要不违反法律，不违背道德，孩子喜欢的事情父母一定要加以鼓励和支持，总有一天，孩子会闯出一条属于自己的光明大道。

# 给善良留下茁壮成长的空间

一位著名的作家曾经说过："人生有三样东西是最重要的。第一是要善良，第二是要善良，第三还是要善良。"勿以善小而不为，勿以恶小而为之。在孩子心中播种善良，才能收获希望。只有善良的孩子，才是未来的希望之星。

## 1

人以善为本，善是心灵美最直接的展现。

一个人最重要的是要有一颗善心，以善良之心对待人生，这应该是一个人一生追求的道德规范。善良的人能够理解体谅别人的痛苦，较少计较自己的得失，反而显得坚强、开朗，容易保持心理平衡。所以，家长要把善良的种子撒在孩子们的心中，让孩子成为一个有善心的人。

童童是个聪明的孩子。有一天，父母带着他和爷爷奶奶一起去自助游。十岁的童童在路上不停地炫耀，先是算出了爸爸的车的耗油量，再是算出了妈妈买的零食的总价，大家都夸童童聪明。

童童很得意，心想着还有什么可以表现的呢？突然他想到了，爷爷是个老烟民，童童曾看过一个反对吸烟的电视节目。主持人说每抽一口烟,就相当于缩短了两分钟的生命。

然后童童开始计算:一口=2分钟,一支香烟=20口,一包烟=20支。爷爷有30多年烟龄,按每天1包计算——爷爷的寿命缩短了16年还多。

童童反复核对了结果,开始为自己的聪明才智沾沾自喜。他大声地对爷爷说:"爷爷!你的寿命因为抽烟而减少了16年!你少活了16年!我没算错!"

童童等待着父母的夸奖,但是,一车的大人都沉默了。他不知所措地缩回到后排座位,尴尬得说不出话来。

一直默默开车的父亲,小心地把车停在公路边,跳下车,示意童童也下车。此刻,童童觉得自己惹了大祸!他惊慌失措地下了车,等着受处罚。

父亲沉默了很久,对童童说:"有朝一日你会明白,做个聪明人很容易,但做个善良的人很难。"

长大以后的童童永远记得这件事情。他说,成为一个聪明人只是运气好,没什么可骄傲的,但不是每个人都懂得以善良的方式来使用这笔财富。能成为一个善良的人,才真正值得我们自豪。

## 2

善良,从来都不是一句空话。

在当今社会,家长更关注的是孩子的健康状况和学习情况,但却很少关注孩子如何与人交往等问题。

有的时候,一件微不足道的小事,一次不经意的善举,都可能会改变一个人的命运。

## 3

夏天的一个晚上,爸妈带4岁的女儿去公园玩,回家的路上,女儿突然发现新大陆似的对妈妈说:"妈妈,你看天上的月亮,我走它就跟着走……"妈妈笑着说:"因为月亮姐姐喜欢你啊。"

快到楼下的时候,爸爸走在前面,女儿也急着快点回家,因为她害怕自己的玩具小熊在家里会怕黑。

女儿告诉妈妈后,妈妈说:"那你赶快追上爸爸,让爸爸带你上楼……"妈妈还没有说完,女儿就一个箭步冲了出去。可刚跑了几步,她就停下来了。看看天上的月亮,又看看妈妈。

妈妈一脸惊诧地问:"怎么了,宝贝?"

4岁的女儿说:"我不能先回家,如果我先回家,月亮也跟着我回家了,那样的话,妈妈就只能摸着黑回家了。"

妈妈被孩子纯洁善良的心感动了。

善良作为一种美德,对孩子的成长发展具有不可忽视的积极影响。可以说,一粒沙里看世界,一朵野花里见天国。当心灵被浮躁和繁华腐蚀得坚硬时,请微笑着拾起尘埃上的小小柴火点燃,用那小小的善心,温暖自己,也温暖世界。

# 懂得"拒绝"的孩子更优秀

现在的孩子从小在家都是"小公主""小王子",在家长360度无死角的贴心关怀下,几乎不用开动脑筋去考虑接受或者拒绝的问题。久而久之,他们甚至不知道在遇到不公平事件时该如何拒绝。因此,凡事他们都接受,都一味地说"是""知道了""好的""没问题",而忘记了不合理的要拒绝,因为他们已经不会说"不"了。

## 1

方煜上小学三年级了。这几天放学回家后,他总是和妈妈说:"同桌这几天总是要借我的作业抄。同桌说不借就告诉老师,说我欺负她,还让其他同学不和我一起玩。"妈妈问他:"你怎么做的呢?"

方煜说:"我借给她了!"

妈妈说:"那你为什么不拒绝呢?"他说:"我同桌很厉害的,以前她也欺负过我,这次……"听到这儿,妈妈一时间怔住了!从孩子开始咿呀学语时起,妈妈就告诉他,要关心、帮助小朋友,要和同学团结互助,孩子也一直很懂事,会谦让,也乐于帮助同学,小伙伴也都愿意和他一起玩。可是,在这种情况下,孩子竟然不懂得拒绝,这是让方煜的妈妈没有想到的事情。

"从前的教育是不是不对？"而此时,方煜的妈妈也意识到了,是该让孩子学会说"不"了!

现在有许多孩子,在家中受到父母良好的影响与熏陶,在学校里受到来自老师的帮助与教育,又会得到同学、朋友间的关怀与友谊。

这许多方面的有利因素,对于孩子的成长虽然是有益的,但在实际生活中,我们也可以看到这样一种现象,在老师、父母、朋友的爱与关怀的包裹下,有些孩子居然将自己的想法隐藏了起来,不知是迁就、忍让,还是认为自己的主见和群体、朋友比起来,变得不那么重要了。

## 2

爱因斯坦小时候不擅长手工,在一次手工课上,老师检查大家的手工作品,发现小爱因斯坦的作品是个很难看的小板凳,于是拿起来问同学们:"你们有谁看见过世界上有比这个更丑陋的小板凳吗?"全班哄堂大笑。

笑声中有一个异样的声音:"有的！" 众人将目光投向小爱因斯坦,只见他从抽屉中取出两个更丑的小板凳,说:"这是我做的第一个小板凳。"又指着另一个稍微好一点的小板凳说,"这是我做的第二个小板凳。"最后,他举起刚才被大家所讥笑的小板凳说:"这是我的第三个小板凳。"听完这句话后,没有人再笑了。

从这个故事中,我们可以看出很多的启示意义。比如说,爱因斯坦对待事情的韧性、永不放弃的精神,等等。这些对孩子都有很好的教育意义。

但是我们是不是可以从其中看到另一层含义呢？那就是爱因斯坦敢于正视自己的不足，也敢向不了解他的人说"不"。

因胆小、不懂得拒绝，而常常使自己处于被动的状态，只能接受别人的命令与请求，如果孩子是因为这样的原因不会说"不"，那么父母就要及时地纠正孩子的这种心理，确保不会让这种情况影响到孩子的生活和学习，甚至形成怯懦的性格。

3

不论何种情况，无论什么样的孩子，父母首先要告诉孩子两条最基本的原则。

首先，告诉孩子要表达自己的想法，不要惧怕任何人的威严而不敢拒绝。比如，孩子自己的理想是成为舞蹈演员，父母却认为舞蹈演员又苦又累，而且成为独舞演员又很难，大家在一起跳不会有什么出息，于是，父母建议孩子学钢琴、学书法、学表演……可是孩子只有在感兴趣的课程上，才会充满学习的热情，创造出自己所追求的成绩与理想境界。然而，孩子的这种想法并不与社会上既定的标准相吻合。所以，此时，孩子要敢于对父母说"不"，坚持心里最真实的想法。

其次，要让孩子学会爱憎分明，对于有悖道德的事情，坚决不做，如果身边的朋友有不正确的做法，要敢于指正。

在生活中，孩子难免会碰到朋友或同伴不合理的要求，这样，孩子在想拒绝时，就会有应对的方法了。

# 早早开启孩子幽默的能力

懂得幽默的人一定是乐观的人,

悲观的人看不到会心一笑的快乐。

早早开启孩子幽默的能力,

让孩子用乐观的心态面对生活中的一切,

从容面对风雨的侵袭。

## 1

一个4岁左右的孩子听见敲门声, 就问:"你是谁?""我是大灰狼!"孩子听出这是爸爸的声音。孩子轻轻打开门,爸爸的手伸向孩子,孩子笑着装出大吃一惊的样子,高喊:"大灰狼来了! 大灰狼要吃人了!"

有的孩子还会像大人那样,用幽默来制造一个轻松的氛围,以达到自己小小的目的,有的时候孩子不能成功地达到目的,他们还会用幽默来解除尴尬。孩子长到六七岁,有了简单的逻辑推理和初步的创造性思维,孩子的幽默感开始表现出来。

孩子吃饭慢吞吞的，妈妈急了，冲孩子说："饭都凉了，你再不好好吃，我就冒火了！"孩子接着说："冒火了？那用火帮我热饭啊！"

并非所有的孩子都具有幽默感，幽默感来源于良好的心态、乐观的个性。一个具有一定的幽默感的人，在与人们的交往中更容易取得大家的信任。对孩子来说，幽默感是一种洒脱、开朗，甚至是成功的开始。

幽默感是"情商"的重要组成部分。具有幽默感的孩子大多开朗活泼，因而往往更讨老师的喜欢，人际关系也要比不具有幽默感的孩子好得多。

妈妈可能觉得孩子年龄尚小，阅历也浅，在知识和智慧上远远不如自己，当然不懂得什么是幽默。事实并非如此，其实宝宝9个月的时候，幽默感就开始出现了。

宝宝手里拿着一个话筒，妈妈说："宝宝是天才的男高音，K歌一曲吧！"听了妈妈的话，宝宝环顾四周，用胖胖的小手鼓起掌来——意思是爸爸鼓掌我才肯唱呀！

掌声响起来后，宝宝便扭着屁股，晃着身子"咿呀咿呀"开唱了！与其说是唱，不如说是乱哼哼，不过倒是很有节奏！最令人开怀的是，宝宝总是试图抬起腿来摆Pose，不过每次都以一个仰面朝天的滑稽动作失败告终，逗得大家哈哈大笑！宝宝自己呢？先是眨眨眼，接着带着一副不好意思的样子冲进妈妈的怀抱！

孩子的幽默细胞不容小觑，因为他们往往有着惊人的联想力和非凡的创造力。如果父母能用幽默的语言和他们交谈,肯定他们的能力,甚至是小聪明,就会让他们感到非常快乐。

## 2

曾经有位女学生对父亲坦言心中的苦恼:"我从来不为任何明星的风采所打动,可自从某某明星出现后,我萌发了今生今世非他不嫁的念头,我该怎么办?"

他爸爸诙谐地对她说:"成人之美乃传统美德,我当然乐意成全我姑娘的终身大事。但遗憾的是你已是非这位明星不嫁的第9999个姑娘,如果他跟9998个姑娘离婚之后,我会很乐意让你带上丰厚的嫁妆嫁给你心爱的人,好吗?"女孩羞涩地笑了起来,很快走出了痴迷与狂热。

这就是幽默的神奇功效。这个父亲平时一直将幽默风趣融于家庭教育中,几句话看似夸张却完全符合生活逻辑,看似戏虐却又不失真诚。女儿自然会欣然领受、幡然醒悟。如果板起面孔说教一番或是直接予以批评,也许只会使她疏远你或是产生逆反心理,从而破坏轻松和谐的家庭氛围。

美国许多父母在婴儿刚刚出世才6周时便开始了他们独特的"早期幽默感训练"。一个典型的例子是:当父母故意抱着孩子做"下坠"动作时,一些孩子在体会下落的同时,还会无师自通地意识到是大人在跟自己闹着玩,小脸可能会漾起笑容。1周岁左右的孩子已对他人的脸部表情十分敏感。在他们学步摔倒时,不妨冲他们做个鬼脸以表示安抚——此时他们往往会被你扮的鬼脸引得破涕为笑。2周岁的幼儿已能从身体或物品的不和谐中发现幽默。3岁幼儿的智力已发展到能认识不和谐中潜藏的幽默感。当妈妈故意戴上爸爸粗大的男式手表时,孩子见了就会一边摇头一边大笑不止。你还可以默许孩子装模作样戴上爷爷的大礼帽,手持拐杖,行步蹒跚,他会边模仿边大笑。4岁左右的幼儿特别喜欢"过家家",或扮卡通人物。当你发现你的儿子与邻家小女孩正在快活地扮演王子和公主角色,并演得十分投入时,你不仅不要阻拦,而且自己还可以客串进来扮演个坏蛋之类的小角色。

待孩子长到五六岁时,便可能开始对语言中的幽默成分十分敏感。如,同音异义词和双关语的巧用,绕口令的学习,都能使他们感到趣味盎然。与此同时,你也应该鼓励孩子学习猜谜,甚至由孩子自己编一些简单的文字谜语。7岁的孩子大多已上学,他们往往喜欢讲笑话、听笑话。如果此时大人们能做出引导,让孩子们知道什么是粗俗、什么是幽默,那当然更是明智之举。8岁以后的孩子已初具幽默感。父母应注意倾听孩子回家后讲述的有关学校生活的小笑话,并发出会心的欢笑。这也是一种父母对孩子的幽默感做出肯定的表示。

## 3

孩子很早就表现出对幽默有一种天然的理解力和表现力。幽默的孩子往往比较快活、聪明,能够轻松地完成学业,甚至拥有一个愉悦的人生。

一个人的幽默感不是与生俱来的,三分天生,七分是后天培养的结果。一个有幽默感的人,在人际交往中,往往会比别人更容易受到欢迎。

# 给孩子提供选择的机会

你有没有想过为什么孩子有时候一口就拒绝大人的意见或指示?

答案很简单:

巩固他独立自主的权益是孩子的本能。

为了避免在这一点上和孩子发生冲突,给孩子"提供选择"是个好办法。

## 1

举个例子, 孩子要买一套运动衣, 妈妈就可以和孩子讨论:"儿子,这个运动衣马上就给你买,你是买70块钱的,还是买100块钱的?"让他选择他可能说买100块钱的,那就买100块钱的;他可能说买70块钱的,那就买70块钱的。

这种选择是比较有意义的,给他一个民主的机会,一个话语权的机会。给他一个小的范围,让他在这个范围里去实施他自己的计划。这样,孩子在听话与不听话之间,用这种选择的方式教育了自己,进而他就不跟父母对抗了。

孩子慢慢长大了,任性的花样开始层出不穷。此时,在生活方面,也可以让孩子自己选择,这样做更容易解决问题。

早上起来，妈妈给儿子准备好黑色的袜子，他哭着就是不肯穿；换一双黄色袜子，他继续闹，仍然不肯穿，即使强制套到脚上，他还是使劲要脱下来。闹完了，哭累了，脾气也发够了，你让他自己挑，结果，他还是穿了原来那双黑色袜子。儿子天天这样，妈妈苦恼不已。可幸运的是，在一次无意之中，妈妈发现了孩子的秘密。

当时，为了省事，妈妈预先拿好两双袜子，并没有强制给他穿上，而是询问了一句："儿子，你想穿黑色的袜子，还是黄色的？""黄色。"儿子很干脆地回答，并没有做出不合作的举动。太阳从西边出来了——儿子的合作让妈妈大感纳闷儿，原本准备预留5分钟僵持的，没想到几秒钟就提前结束了。

既然这么顺利，妈妈就顺势多问了一句："儿子，你准备先穿左脚，还是右脚？""右脚。"儿子的回答依然爽快得令妈妈难以置信，那天居然不费一点力气，"兵不血刃"地把"战斗"给解决了。

## 2

好的行为经常做，就可以固化为一种好的习惯；好的习惯养成了，就可以造就一种好的性格，但前提是要弄清楚这种好的行为是如何发生的。如今的孩子接触外界的机会很多，在许多事情上都开始有自己朦胧的看法与态度，包括"选择"在内的各种自我意识也渐渐萌发。其实，孩子对黑色与黄色的袜子并没太强烈的好恶，只是希望能通过选择得到大人的尊重和认同。他们潜意识里认为，大人能同意他的选择，就是尊重他，从而产生一种孩子特有的成功感和满足感。

　　小洁怀孕7个月左右的时候，在娘家住了大概两个月。那段时间，不到3周岁的小侄女玲玲一直跟她在一起。其间，她体会到了小孩子的教育真是挺有学问的。每次小洁的父母带玲玲出去的时候，她肯定要求他们抱着她或背着她走，不管用什么方法，她肯定能说服爷爷奶奶乐意为她服务。有一次小洁带她出去,走得挺远的。但由于事先大人们都告诉过玲玲："不能让姑姑背你，姑姑肚子里有宝宝，怕累。"所以她一直都没要求小洁背她,但的确是好像有点累了，她走着走着就停下了,说："姑姑,我好累啊!"小洁知道,这家伙肯定又在打鬼主意。

　　于是小洁也装着好累的样子说："这样啊,姑姑也好累啊,都走不动了,要不你背姑姑吧!"小洁明显看到她的表情由惊讶变为失望,还有些难过,真的挺心疼的。于是小洁接着说："宝贝,我们先在这休息一下,然后一起加油走回去,爷爷一定会夸奖我们的！"

　　玲玲低头开始犹豫,小洁趁机说："看你要背姑姑回去,还是我们休息一下走回去?"她终于说："我背不动姑姑,走回去好了。"于是,两人小小地休息了一下,再一起手牵手走了回去。

　　一到家，她立刻跟爷爷炫耀："我是自己走回来的，姑姑都走不动,我走得动！"当然,她得到了大家的表扬,美得不行。

　　其实,不要小看孩子的能力,他们真的可以做得更好,只是作为大人的我们,要懂得放开手,让他们有更多锻炼的机会。不一定要骂他们打他们,给他们讲清楚坏处,让他们自己来选择。不要小看孩子的判断力,他们绝对能选择好的、对他们成长有利的事情,只是有的时候，他们不知道某件事情的坏处到底有多坏。我们只要正确地引导,每个孩子都会凭借自己的分析,做出恰当的选择。

## 3

实际上,我们会有很多智慧的方法不让孩子和父母分庭抗礼,产生对峙。比如,在学习方面,孩子很可能会由于各种原因造成偏科,这时候妈妈可以尝试新的办法来教育孩子。一方面,要站在孩子的角度去理解、领悟对方的感受,平等待人。提供选择,给他转换余地,尊重孩子的选择,给予孩子重新考虑的机会。另一方面,自己作为孩子的学习顾问,以建议或探讨的语气给孩子以一定的宏观引导和帮助,告诉孩子:兴趣是学习最好的老师,兴趣应是多方面的,要培养自己广泛的兴趣爱好。同时也让孩子明白:学习不能光凭兴趣,尤其是小学阶段,是接受基础教育的阶段,不能偏科。

如果我们只是用言语来劝告孩子这样不好,那样也不好等,也许孩子当时会照你的意愿去做,可久而久之,根本起不到什么作用。我们需要选择的机会,孩子更需要选择的机会,所以请给孩子多一点选择的机会。

# 第八课

## 永不落伍，和孩子一起成长

# 多读书，为了孩子也为了自己

## 1

苏格一直觉得自己是一个时尚的女人，她选用最好的化妆品，穿最名牌的衣裙。有时间她也要看看好莱坞的片子，吃西式快餐，心情好了还要打打网球，听听摇滚。孩子喜欢的歌星、影星，她也至少知道几个名字……但是，不知道为什么，苏格觉得，孩子对她越来越淡漠，不爱和她说话，总说和她在一起没意思。

苏格非常想拉近孩子和她的距离，一次，看到孩子正在看书，她讨好地过去问："能和妈妈说说话吗？"

"妈你别烦我了，我在读书。"孩子不耐烦地说。

"读书多了也要休息一下啊。"苏格还想继续，"要不妈妈和你出去散步，顺便吃西餐去？"

"妈你想干吗？自己不爱看书还不让我看了？"孩子一句话噎得苏格很无语。紧接着孩子又不屑地说："你整天就只知道打麻将逛街，家务事有保姆做，作业爸爸帮我检查，你都做了什么事情？"

苏格怒气上冲，没想到13岁的孩子能说出这样的话，她怒喝道："至少我生了你！"

"是个女人都会生孩子的！"孩子回了一句。

苏格气得不假思索地给了孩子一巴掌，孩子哭着跑了。苏格陷入了沉思中，为什么，自己在孩子眼里竟然那么索然无味？

## 2

在我们的身边，有很多女人都和苏格一样。大学一毕业，求知欲也跟着毕业了。很多家长牺牲了自己的休息时间来给孩子料理生活，却从来没有想过给孩子做一个爱学习的好榜样。尤其是妈妈们，每天在琐碎的家务中脱不开身，但想要帮助孩子提高学习的积极性，就需要拿出时间来学习，做给孩子看。

## 3

阅读并不一定要从四大名著、三言二拍这些古典小说开始，读报纸、看杂志也是一种阅读。如果孩子每天看报纸，那说明他还有读书的欲望，家长可以带他去书店，给他和自己都买点书来读；如果孩子连新闻都懒得看了，那就说明他的阅读兴趣已经大大被破坏了。这时候就需要家长根据他的爱好来刺激他的阅读兴趣。

如果他喜欢集邮，可以买一些邮票历史、常识方面的书；如果他喜欢玩三国游戏，可以买一本三国历史书，如此来开发孩子的阅读潜能。而家长们自己，可以挑选一些自己感兴趣的书，千万不要以为读书就是读康德、尼采、柏拉图，这只会打击自己和孩子的阅读积极性。

我们常说"书香世家"，可见我们相信，书有香气，可以浸染整个家庭的氛围。

父母爱读书，孩子也会好奇是什么这么吸引父母，自己也会跟着效仿，找到读书的乐趣。闲下来的时候，如果孩子在身边，先不要着急打开电视,看看书吧。一个人陷入阅读中的状态是美丽的,也是吸引人的。

不管是为了孩子,还是为了自己,多多读书都是最明智的选择。

# 拥有创造力,做智慧父母

## 1

近期,王丽娜总是做事心不在焉、无精打采的样子。原来,她有一个七岁的女儿,女儿在五个月之前,还一直在老家跟姥姥生活。为了让女儿接受好的教育,便将女儿接到了市里。不料,女儿跟自己很少说话,不管她怎么样和女儿沟通,女儿总是闷闷不乐,因为长时间的分离,让母女之间产生了隔阂。

后来,一位有相同经历的同事问王丽娜:"你女儿最喜欢玩什么游戏?"

王丽娜顿时愣住了,五秒钟后摇摇头说道:"我不知道。"

"其实我早已猜到会是这个结果,"同事笑着说道,"没关系的,你如果想要让女儿主动地靠近你,那你必须做到吸引她的眼球。"

"怎么吸引她的眼球?"王丽娜充满了好奇。

随后,女同事将一些个人方法和见解告诉了她,过了半个月,她兴冲冲地跑来找女同事,说是她告诉自己的方法奏效了,现在她的女儿放学之后就主动地和她亲近。其他同事听了之后，也好奇王丽娜是怎么做到的。

王丽娜将女同事的"妙招"告诉了其他同事们。

第一，在小细节上创新。比如在为孩子叠被子时，选择不同的叠法和摆放方式，激起孩子学习的欲望。

第二，为孩子置办日用品，要适当站在孩子的思维角度上去购买。比如知道孩子喜欢看什么动画片，在购买毛巾、牙刷时，尽量带有这种动画片的图案。给孩子制造惊喜点，让孩子有冲动感激妈妈。

## 2

两个妈妈分别带着自己的孩子去野营，在野外，孩子们都很开心。到了下午，两个孩子玩腻了，想要回家，本来两位妈妈打算好了在野外过夜，第二天才回家，此时两个孩子哭闹着想回家。

其中一个妈妈冲自己的儿子嚷道："回什么回？不是说好明天回去吗？再哭你自己回去，妈妈不要你了。"听完妈妈的话，儿子哭得更加厉害了。

另一位妈妈见状，微笑着对自己的女儿说："宝贝，妈妈本来想教你们编头上戴的花环的，你看这里这么多鲜花。如果你真想回去，以后就没机会编这么漂亮的花环了哦。"听了妈妈的话，女儿顿时不哭了，在不远处苦恼的男孩儿也不哭了，而是跑过来恳求阿姨也教自己编花环。

从上面的例子中可以看出，两个妈妈的不同思维会造成不同的结果，具有创新力的妈妈不仅能够让孩子停止哭闹，还能够给孩子带来亲切感，从而教会孩子更多知识。故此可见，创造力的魅力是巨大的。

作为父母，都希望成为孩子心目中的偶像，和孩子亲密无间，这就离不开创造力的培养。

3

王思思总是抱怨说："每天晚上，我儿子都让我给他讲故事，我想了半天也没想出新鲜的故事，他都十二岁了，我肚子里所有的故事，都讲过了，哪儿还有新鲜的故事啊？"

有个同事笑着说："我也是，我儿子比较倔强，说如果我不给他讲故事，他便不睡觉，没有办法，我为了让他早点睡觉，便在电脑上查找故事，或者，干脆就和他一起编故事。"

"编故事？你怎么做到的？"王思思问。

"对生活中的故事进行总结啊，在我们的身边可能会发生很多事情，作为妈妈完全可以对自己了解到的事情进行总结分析，把那些适合讲述给孩子听的故事进行整理，以便能够随时找到新鲜故事。"同事说，"或者是看新闻、刷朋友圈的时候，都可以对其上面有教育意义的故事记录下来，或者是铭记在心，这样一来给孩子讲故事时，便能够在大脑中搜罗到既有价值又新鲜的故事了。"

王思思不由佩服同事的创造力。

创造力具有神奇的力量，是解决固有问题的新钥匙。智慧的父母，完全可以利用自身培养的创造力来拉近与孩子之间的距离，让孩子学到更多的知识。孩子喜欢模仿父母的做法，如果爸爸妈妈具有创造力, 孩子自然会模仿他们的创造性活动, 这样就间接地开启了孩子的创造性思维。

# 给孩子多少零用钱才合适

## 1

该不该给孩子零用钱, 是许多父母很纠结的问题。一位家长说: "女儿上一年级了, 小家伙开始有金钱意识, 时常嚷着'同学都有零花钱, 妈妈我也要'。这让我很矛盾, 让女儿自由支配零花钱吧, 怕她会乱花, 买一堆乱七八糟的东西, 还吃不干净的东西, 不知赚钱辛苦; 不给吧, 又担心她会有心理落差。"

的确, 这位家长的担忧不无道理, 使用金钱不当给孩子带来的影响是不容忽视的。不过现代社会中, 孩子们不可能生活在没有物质的真空中, 孩子不会花钱是很难适应纷繁的社会生活的。孩子到了一定的年龄, 零花钱成为一种客观的需要, 需要去支付一些正当、合理的花费, 所以适当地给孩子零花钱是必要的, 但是家长要把握这个度。

一些父母对孩子花钱的问题控制得过于严苛, 使孩子没有一丝一毫的自由空间。这样, 势必将孩子与周围正常的生活圈、交际圈隔离开来, 使孩子感到孤独、压抑、苦闷。

还有些父母经济条件优越, 十分溺爱孩子, 孩子想买什么东西,父母一律应承,直至令孩子满意为止。这样不但让孩子变得花钱大手大脚,还会让他觉得自己一直都会有花不完的钱,从而慢慢产生很多与目前家庭条件不符的奢侈念头。

过分限制或毫无节制地让孩子花钱,往往导致孩子对金钱产生扭曲的认识,前者因为强烈的好奇心和渴求欲,在无法得到零花钱的情况下动歪脑筋;后者生活能力差,对钱没有概念,不懂珍惜,随意浪费。

小小零花钱蕴含着家庭教育的大问题,孩子零花钱要适度,既不能毫无节制,又要能满足他的基本需求。

## 2

美国首富洛克菲勒,是世界上第一个拥有10亿美元的大富翁,但其子女的零用钱却少得可怜,而且要求严格。他家账本扉页上印着孩子零用钱的规定:7至8岁每周30美分;11至12岁每周一美元;12岁以上每周3美元。零用钱每周发放一次,要求子女们事先作出预算并记清每一笔支出的用途,待下次领钱时交父亲检查。账目清楚,用途正当,下周增发5美分,反之减少。

洛克菲勒用这种办法,帮助孩子养成不乱花钱的习惯,学会精打细算、当家理财的本领,他们的后人成年后都成了经营的能手。这个已繁盛了六代的家族成为"世界财富标记"。

家长可以效仿洛克菲勒,为孩子树立理财观念,理财从管理零用钱开始。家长切勿以为给零用钱是件小事,给钱不是关键,关键是给了之后告诉孩子如何支配。

一位著名的企业家讲述了他的观念和经历:

"在我的印象中,每次得到零花钱的原因都是一样的——大人给我钱就是拿来花的。但,每次拿到零花钱的时候,父母都会问清楚我要买什么。只有当他们认为我要买的东西是应该买的,我才能如数拿到我要的金额。"

父母教孩子合理地花钱,不仅仅是简单地让孩子花钱,而是让孩子从小懂得金钱的价值、使用技巧、正当投资、节俭等正确的积累方式及金钱与人格的关系等,树立健全的金钱观念,成为有着精明的经济头脑和管理能力的人。

## 3

当然,首先,给孩子的零花钱,不得超过你家的负担能力。假使孩子提出异议,你可以诚恳地告诉他:"我是希望能给你多一些零花钱的,但是我们的预算有限。"这是一种比较好的办法,要比试图去说服孩子他并不是需要更多的钱好得多。

从孩子小学一年级开始可以固定给他们一些零用钱。最好的方法是每星期的同一天,给孩子以同样数目的钱,这样可以使孩子做到心中有数。究竟该给孩子多少零用钱,家长可根据每个家庭的经济状况而定。这样,孩子就会懂得如何去规划自己的开支。

所给零花钱足够支付孩子合理的开支。要把孩子的花费和需要放在心上,以便决定给他多少零花钱。这个问题,需要夫妻双方配合默契。一个家庭必须有一个人主管钱,孩子的零花钱也应由这位主管来支付。这是防止孩子乘机多要钱的办法之一。作为家庭主管也应按时支付孩子的零花钱。

孩子最初花钱时出错,以及买东西时欠考虑都是预料中的事,应该允许他们出错。你让一个刚学会简单算术的孩子去买一斤盐,回家的时候才发现,找回的钱并不是应该有的那个数,你不必责怪他,只需说一句:"没关系,慢慢来。"孩子听了会觉得很内疚,在以后买东西时,他一定会很注意。

适当的零花钱可以培养孩子正确的经济和金钱观念,从小具备理财能力。这种能力是孩子将来在生活上和事业上不可缺少的,愈早培养,效果愈佳。


# 与其羡慕人家的孩子,不如偷师人家的父母


父母的眼界、格局、能力、层次直接影响着孩子的人生轨迹。优秀的父母往往已经掌握了出类拔萃的诀窍,毫无疑问,他们的孩子是最直接的受益人。


## 1

秦思思和丈夫李哲都是博士,毕业后进入一所知名院校从事教育工作。他们不仅在工作上做出卓越的贡献,桃李满天下,在培养孩子方面也是收获颇丰。

　　女儿毕业于美国哈佛大学医学院,主要从事基因工程的研究;儿子毕业于麻省理工学院,在构造地理物理学领域做出了卓越的贡献。

　　当亲朋好友得知秦思思和李哲把两个孩子都培养成了顶尖人才后,送给了他们家一个"家庭博士群"的称号。这是一个特殊的称呼,是对秦思思家庭教育的一种肯定,是一种发自大家内心的赞美。一个家庭中出现了四个博士,让天下的父母对他们投去了羡慕的目光。

　　都说一个孩子的成功,背后肯定有一对出色的父母。

　　在孩子成长的过程中,秦思思深深懂得学习的重要性,她知道只有知识才能改变命运,只有知识才能让孩子在人生的道路上走得更远。于是在孩子很小的时候,就注重对他们的学习教育。多年的求学经历,让她深深懂得学习过程中的苦与乐,在引导孩子学习的过程中尽量让孩子发掘学习的乐趣,让兴趣带动孩子去学习。

　　跟丈夫商量后,她给孩子看《十万个为什么》《鲁迅全集》等书籍,让孩子从书中培养对学习的兴趣。有时候在游玩的过程中她也会把很多知识传达给孩子。

　　每年全家都要出去游玩一次,而在游玩之前,秦思思总是做大量的功课,比如这个城市的历史、文化、建筑和风情,这也是孩子们比较感兴趣的。就这样,孩子们的知识就在课堂、家教、参观和游玩的过程中逐渐地丰富起来了。

　　在养育孩子的时候,秦思思认为对待孩子要有一个平等、民主的心态。她给自己定一个原则:不在客人面前说孩子,以免伤害孩子的自尊心;不在家人面前说孩子,以免影响到姐弟之间的相爱;也不在饭桌上说孩子,以免影响到孩子的食欲;更不在气头上说孩子,自己情绪激动的时候不适合教育孩子。秦思思总是以温和去感染孩子,而不是用霸气去征服孩子。在这潜移默化的影响中,孩子养成了良好的做人做事的习惯。

秦思思的学识、科学的养育观、对孩子平等的态度、温和的品性都在潜移默化地影响着孩子。母亲较高的品质、素养为孩子的成功开了一扇天窗,把他们一个个带入了成功的领域。

## 2

每一个孩子长大成人都需要4种教育营养:第一是家庭教育,之后是学校教育、社会教育、自我教育。

在孩子18岁以前的人格形成关键期,父母是最主要、最重要的教育者。所以,家庭教育既是"人之初"的教育,也是铺设孩子人生底色的教育。

有人对诺贝尔奖获得者进行研究后发现,这些获奖人在幼年、童年、少年时代,并非个个都是出类拔萃的天才、神童,大约有半数获奖者原先天资平平,有的甚至一度遇挫,少数人还是顽童。可是他们有一个共同点:那就是毫无例外地有着一个异常优越的家庭教育环境。他们的父母有的本身就是一代英杰,有的虽是名不见经传的平凡者,但却不平庸。这些父母,不论成就大小、能力高低,都是道德高尚,具有远见卓识,值得人们称道与崇敬的教育者。

家庭教育不仅是基础教育,而且是主导的教育,给孩子根深蒂固的影响,是任何学校及社会教育永远也代替不了的。家庭教育,微观而言,直接影响着你孩子的命运;宏观地看,对孩子的教育,是对未来世界的塑造。教育的成败,决定你将为这个世界造就一分活生生的创造力还是破坏力, 是为日趋美丽的未来世界增芬芳还是添污垢。

## 3

每个孩子都是不一样的,我们不能照搬别人的经验,但还是有一些共同规律可以遵循的。比如,对孩子说话,要理智思考,不要责怪埋怨;叮嘱虽重要,但要讲到点子上;要相信孩子,放手让孩子去做,做错了,吸取教训,无非花点"学费";该管的要提出具体思路和要求,最后检查,肯定成绩,纠正不足等等。

然而,现实情况却是,许多家长的心是好的,转化为语言和行动的时候,就变得"面目可憎"了,好心办了坏事不说,累了自己又累了孩子,却没有达到教育的目的,这也是目前让许多家长困惑不解的地方。事实上,孩子在幼儿园或是小学的时候,要求家长的只是学识和耐心,而随着孩子年龄的增长,要求家长的则是教育的艺术和人格的尊重。学识、耐心和人格的尊重,也许都还好办,对孩子教育的艺术,却实在让家长感到头痛。

父母要了解孩子,指导帮助孩子,必须要认真学习家教知识,提高家教艺术。孩子的成长不是一蹴而就的,所以,家长也要不断学习并改进自己的教育艺术,在孩子成长的道路上,给孩子以及时而又有效的指导。

# 孩子是用来爱的，不是用来炫耀的

孩子的生命是为了本身的目的而存在的，父母只是陪着孩子走一段路程而已，所以他既不是娱乐的玩具，也不是炫耀的工具。

## 1

曼茹从小就颇受大家的宠爱：在家里，她要什么有什么，是爸爸妈妈的掌上明珠；在学校里，她成绩优秀，是老师心目中的"尖子生"。

良好的家庭环境、父母的疼爱、老师和同学的赞誉，再加上自己的天赋，让曼茹产生了一种飘飘然的感觉，而且这种感觉一天比一天强烈。曼茹的爸爸妈妈也经常在别人面前炫耀自己的女儿，为有这样一个聪明美丽的女儿而自豪。所有这些都助长了曼茹的自满和自傲的情绪。

渐渐地，曼茹变了，在家里，她只要稍稍不顺心就对爸爸妈妈发脾气；在学校里，曼茹更爱表现和炫耀自己，取得好成绩就自鸣得意、沾沾自喜，甚至不把老师的话放在心上；在生活中，她总是拿自己的长处同别人的短处相比，认为自己高人一等，看不起别人。

就这样，以前和曼茹走得比较近的同学也不爱和曼茹来往了，曼茹在班上越来越孤单。强烈的孤独感让她很压抑，成绩也受到一定影响。她的脸上再也找不到曾有的欢笑了。父母看在眼里,急在心里,可又不知道如何才能帮助曼茹。

她在日记中写道:"小时候盼着过年过节,原因大抵是因为那时不用上学,又可以和亲戚家的孩子一起玩耍,还可以借此机会炫耀一下这一年中自己取得的成绩。长大后,对年节的盼望越来越淡薄。不知从何时起,我竟然有些痛恨过年过节了!因为我感觉我已经不如以前那么优秀了。每当亲友凑到一块,父母们开始谈论自家的孩子的时候,我特压抑。因为有个亲戚的孩子似乎比我还要优秀,虽然他年岁比我小一点,可他比同期的我要优秀得多。我越来越痛恨这样的比宝大会,可父母依然乐此不疲,很热衷参与这样的聚会,唉!真累!我的那位对手会有我这样的感觉吗?"

其实,父母为孩子自豪是一件正常的事,但必须理智地对待,不能因为自己的过度夸耀给孩子带来不必要的压力。让孩子多学知识、丰富生活是好事,但如果父母把目标定得太高、太功利,孩子的表现一旦没达到他们的标准,他们会因孩子而抬不起头来,而父母情绪的变化将对孩子产生更加恶劣的后果,孩子的心理也会因此畸形发展。

## 2

嘉仪的女儿朵朵聪明伶俐,很小的时候嘉仪就注重对朵朵的培养,唐诗宋词、古筝和舞蹈,每当家里来了客人,嘉仪总是让朵朵当众表演。听着别人赞美的话,嘉仪的虚荣心得到了满足。

尽管有时候孩子不怎么乐意,但嘉仪总是有办法让朵朵乖乖就范。直到有一次,朵朵终于爆发了。

那一次,嘉仪的大学同学来家里做客,嘉仪又让朵朵当众表演。"宝贝,给阿姨跳个昨天学的孔雀舞吧。"当着同学的面,嘉仪满怀期待地说。

朵朵却怎么也不想跳,依然自顾自地玩着手里的玩具。

"宝贝乖,快给阿姨跳段舞。"嘉仪继续说。但朵朵始终不动,催得急了,朵朵说:"我在玩呢。"嘉仪生气了:"昨天,你不是还跳了吗?不是说都学会了吗?"

"昨天是昨天,我今天就是不想跳!"朵朵辩解着说。

"怎么这么没有礼貌啊?妈妈平时怎么教你的?"嘉仪提高了声调。

朵朵沉默了一下,终于大声地喊道:"妈妈,我不是你的玩具娃娃。"

嘉仪震惊了。

后来和老公说起这件事,老公责怪她:"孩子不是你的首饰,不是用来炫耀的……"

"我这样也是爱孩子啊!让孩子当众表演也可以锻炼孩子的胆量啊!"嘉仪争辩着。

"是啊,但是,要在孩子愿意表演的时候才可以。如果孩子不想表演,也不能为了炫耀孩子的聪明或者自己的教子有方,就必须让孩子做她不想做的事情吧!"老公一席话说得嘉仪哑口无言。


## 3

眼下,将孩子作为炫耀工具的父母绝不在少数,好多父母们自己没有实现的理想总希望在自己的孩子身上实现。他们送孩子进名牌学校,希望孩子考取名牌大学;送孩子学琴棋书画,希望他们考几段几级,然后在众人面前自豪地吹嘘。

每当自己的孩子被别人称赞时，做父母的听到后会比孩子还高兴。现代的父母们从孩子小时候就开始比较了，比完成绩，就比谁的孩子都会什么才艺，拿了几座奖杯。孩子在哪方面比别人强，能为他们在亲戚朋友面前挣面子。

孩子是用来疼爱、关怀和鼓励的，永远都不是炫耀的资本。一味地炫耀孩子，很可能会带来惨痛的教训。

孩子是一个独立的个体，不是一个会哭、会闹的高级玩具。他们有着自己的思想和意志。父母应当尊重他们，而不是强迫他们做自己不想做的事，或像对待自己的皮包一样随时随地拿来炫耀。

# 父母的意见要一致

宋代史学家、文学家宋祁在《杂说》里说："父否母然，子无适从。"意思是说，在教育子女问题上，如果父母的意见不一致，那么子女就无所适从，教育效果就不会很好。

## 1

佳佳一回家就喊："爸爸，我要吃冰激凌。"

"你中午不是吃过了吗，一天只能吃一根，吃多了会肚子疼的。"

爸爸没有答应佳佳的要求。佳佳就嘟着嘴跑出去了,爸爸还以为她同意了自己的观点。可过了不到十分钟,佳佳又跑了回来。

"爸爸,赶快给我拿冰激凌,我都等不及了。"佳佳还在坚持。

"刚才爸爸不是说了今天不吃吗,怎么还来要呢?赶快写作业去。"

佳佳却说:"我妈妈同意我吃了,你不信可以去问问。热死了,我要吃完才去写作业,要不然我不做作业了。"爸爸没办法,只好满足了佳佳的要求。

过了一会儿,佳佳的妈妈走来笑着说:"我说不过她,没办法就同意了。"

两天后的一件事,让父亲觉得事情真的到了不得不解决的地步了。

孩子回家就向他要求:"爸爸,我想买个芭比娃娃,好几个同学都有,我也要。"

"你的芭比娃娃已经很多了,再说上个月不是才给你买了一个吗,怎么还要买呢?"

"那个都过时了,最近新出的芭比娃娃有漂亮的小皇冠,还可以说话,比我的要好看一百倍。"

"怎么能和别人攀比呢,再说你以前玩的时候别人都还没有呢……"

"我说的是新的,不和你说了。"佳佳气呼呼地走了。

晚上吃饭时,佳佳又闹了情绪,坚持说要是不给她买芭比娃娃,她就不吃饭,还要给奶奶打电话,让奶奶来接她,她要跟奶奶一起生活。

没办法,佳佳的妈妈只好答应了。

这件事后,佳佳的爸爸意识到如果照此发展,会惯坏佳佳的。于是跟妈妈好好地谈了一次,两人协商后决定:教育孩子时必须保持意见一致,以后有事大家要坐在一起商量,包括孩子,大家都说出自己的意见和理由,然后总结,找到最合理的办法,不然,这样下去只会害了孩子。

之后的日子里,佳佳有任何要求父母都不会立刻做出决定,而是在征得对方的意见后再给佳佳结论,慢慢地佳佳就很少胡搅蛮缠了,再也不提无理要求了。


## 2

爸爸和妈妈又吵架了,雷雷像往常一样,躲进自己的小屋里,一声不吭,不知该怎么办才好。

事情的起因是这样的:雷雷在和邻居小朋友一起玩儿的时候抢玩具,雷雷仗着比别的小朋友高,比别的小朋友有劲,最终玩具还是他抢到了。在争抢中,他不小心推了壮壮一把,壮壮一个趔趄,摔倒了,头正巧碰到了身边的单杠上,肿起了一个大包。看见壮壮哭了起来,雷雷害怕了,哪还有玩儿的心思,急忙跑回了家。

他把事情的经过告诉了妈妈和爸爸。妈妈说:"没事,小朋友在一起玩儿哪有不摔碰、不受伤的? 你又不是故意的,下回注意点就行了!"

而爸爸则是另一种观点:"尽管你不是故意的,但你伤害到了他,就必须去向壮壮道歉,这样才能求得壮壮的原谅,他以后才会继续和你玩儿。你想想,要是你被人家碰伤了,人家根本不理你,你会是什么感觉? 你是不是会很伤心呢?"

妈妈反驳说:"人家父母都没说什么呢,你倒主动去认错了,怕人家不找你是吧?"

"让人家找上门来就晚了……"爸爸回敬道。

父母好一番唇枪舌剑,你来我往,互不妥协,室内的气氛立时紧张起来,而雷雷则隔着门缝注视着眼前的一切,眼里充满了茫然、困惑、无奈……


## 3

许多父母认为,要管教孩子,必须是一个家长要"严",另一个要"慈";一个"唱红脸",一个"唱白脸"。家长们以为只有"一严一慈""一软一硬",相互配合,"软硬兼施",才能教育好孩子。这种说法,似乎颇有道理,其实却犯了家庭教育的大忌。

在家庭教育中,父母的教育方式不一致,是导致"问题孩子"增加的主要原因之一。因为未成年人的思想还不成熟,不能正确而全面地分辨是与非,于是当父母的教育方式不一致时,孩子就分辨不出是母亲说的对还是父亲说的对,更不能分辨出自己做的是对还是错。因此,父母的教育方式不一致导致的后果就是,孩子无所适从。

对孩子的教育失败会引发孩子对父母的不信任,甚至父母在孩子心目中高大的形象也会因此而受到影响。于是孩子不再听父母的话,也不去理会父母对自己的教导,而是我行我素,跟着自己的感觉走了。

不论是父母还是孩子的所有长辈,在教育孩子的事情上一定要保持一致性,集"严""爱"于一身,教子有方、爱子有度,如此配合默契才能取得孩子的信任和尊重,也才能给孩子最有利的成长环境。

# 不妨再给孩子一次机会

一些家长反映自己的孩子老是在同一件事上犯同样的错误,尽管大人多次提醒、催促,可他依然不改。比如,放学进屋总是忘换鞋,每次回到家鞋一脱,光着脚丫就跑进屋了;做作业马虎,提醒过的错字,总是一遍遍地错,似乎永远都记不住。每当家长谆谆教导,孩子也虚心接受,可就是屡教不改,一旦你终于狠下心决定"以武服人"时,他却先声夺人,哭声震天,而后依然我行我素,让父母真不知该如何是好。

## 1

小学三年级的晓峰越来越贪玩,每天回家的时间越来越晚,妈妈因此天天对她进行批评教育,叮嘱他放学要按时回家,但是他一跟同学玩起来就把一切抛到脑后。每次他回家晚了,妈妈总是很生气,对他吼叫:"我已经听够你的借口了,再也不相信你了。今天你要接受惩罚。从下周开始,每天放学就回家,不能在外面玩,也不能看动画片。回你自己的房间学习吧,晚饭时间已经过了。"看到妈妈这么生气,晓峰向妈妈做了保证,以后5:30准时到家。可是,这样做并没有什么效果。

有一天,他问同学几点了,同学告诉他6:10了。他马上跑回家。回到家之后,他惶恐地向妈妈解释:"我真的是记得要按时回来,但我发现晚了的时候已经来不及了,我用最快的速度跑回家的。"

妈妈经过思考也已经决定用别的方式来对待晓峰。妈妈说:"我知道你在尽力往家赶,我也知道你记得我们之间的约定。但是你还是没有做到,所以妈妈不高兴,我希望你能按照你跟我说好的5:30到家,能够说到做到。因为你回来晚了,我们已经吃过晚饭了,你饿的话就自己做蛋炒饭吃。"

晓峰想:"妈妈真的生气了。从现在开始,我最好按时到家,她既然相信我,我不能让她失望,而且,我也不想自己做蛋炒饭。"

妈妈采用这样的方法之后,晓峰总是能按时回家了。

## 2

没有教育不好的孩子,只有方法不对的父母。父母要保持平和的心态。打骂教育从表面上看是在教育孩子,其实是父母宣泄情绪的方式。这对于孩子的教育可是一点好处都没有,对待孩子犯错屡教不改的问题,应该冷静处理,站在孩子的角度考虑,多理解孩子,倾听孩子的心声,然后用引导的方法来帮助孩子改正错误。

小孩子总会有一段时间,很爱拿着笔到处乱画。不少家长都很头疼,那么应该怎么办呢?

看看下面这个爸爸的方法:

爸爸:(以欣赏的态度告诉儿子说)"你画得真好啊,我以前怎么没发现,我们把画带回去给爷爷奶奶看看好不好?"

儿子:"画在墙上怎么能带给爷爷奶奶看呢?"

爸爸:"啊,就是啊,那怎么办?"

儿子:"画在纸上啊,就可以带过去了。"

爸爸:"好。"(拿张纸给儿子)

下次带孩子去看爷爷奶奶的时候,带上孩子的画,爷爷奶奶对孩子夸赞不停,还把画贴在客厅最显眼的地方。

儿子非常高兴,很有成就感。

回到家里后,爸爸说:"在墙上画画吧。"

儿子:"我不要在墙上画,要在纸上画,画了带给爷爷奶奶看。"

爸爸:"好吧。"

爸爸的结论:"不能给小孩子讲道理,给孩子讲道理是讲不通的。要根据孩子的心理需求选择更好的沟通方法。"

## 3

随着孩子渐渐长大,身上总会有一些"顽症"令父母伤透脑筋、束手无策。孩子积习难改,究其根源,是因为不恰当的时机和机遇对某种行为形成了心理惯性。对这样的孩子,暴力是无济于事的,因为打骂只是对错误的惩罚,而不能纠正错误。

其实,犯错是很正常的事,当孩子犯错误时,家长要充分理解孩子,多从孩子的实际需要出发,多站在孩子的立场想问题;稍有进步要及时表扬,还要教给孩子一些改正错误或是改掉不良习惯的方法。

以下的几点建议,不妨一试。

第一,可以陪孩子一起来写一本日记。日常生活中发生的点点滴滴都可以记录,或者写或者画或者贴纸都是可以的,这样可以让父母清晰地看到孩子成长的过程，还可以让孩子定期回忆自己曾做错的事情，现在是否有所改进，以帮助他们成长，回忆的周期和频率可根据孩子改进的情况来调整。

第二，一定要适当"放权"。比如，让孩子自己选择要穿的衬衫和裤子，让孩子购物时参与发表意见，让孩子承担一些小家务，鼓励他们收拾自己的东西等。当孩子做出错误的决定时，父母可以提醒他们，可能会导致不好的后果。比如说，当他把玩具随意扔到房间的地板上时，可以告诉他这样做的后果是那些玩具在一段时间内会找不到。

第三，可以和孩子一起做一次深刻的分享。告诉孩子，爸爸妈妈的经历，举一个他能力范围内所能思考和分析的失败案例，请他来分析失败的原因，并邀请他来帮助爸爸妈妈想一个办法避免失败或者解决问题。

最后，不妨再给孩子一次机会。人的一生就像小孩学走路的过程，尽管会摔跤，但跌倒后爬起来就是成功。孩子可能摔倒了一千次，但仍有第一千零一次站起来的可能，所以，家长一定要给孩子一个成长的机会。

# 唯有用爱经营,才能温暖如春

对于孩子来说,他的父母、家庭都是无法选择的。父母在缔造他生命的同时,也把一个特定的家庭赐给了他。只有宽松、和谐的家庭氛围,才能使孩子成为情商高、心理健康的人。

## 1

小雅是六年级的学生,因为多次不完成作业被老师批评,但小雅不仅没感到悔悟,反而情绪异常激动,还怀疑周围的同学经常在老师面前说自己的坏话。

周五课间,小雅和同桌发生了一点不愉快,就随手拿起文具袋将同学的眼睛砸伤了。老师让她给同桌道歉,并要求她写一份深刻的检查。谁知小雅怎么都不向同桌道歉,甚至狠狠地瞪着老师,眼神中充满着攻击性。几分钟的沉默过后,小雅突然用脚使劲踢了同桌一脚,然后撒腿就跑出了校园。

小雅的行为让老师感到诧异,后来,老师通过家访发现,小雅的家庭气氛很不和谐,父母时常因为各种琐事吵架,甚至大打出手。小雅平时就很冷漠,不喜欢和其他的同学在一起玩,经常独来独往,从来不相信别人,多疑孤独,和同学吵架是常有的事情,在课堂上与老师顶嘴也时有发生,情绪很不稳定。

与同学相比,小雅做事情明显缺乏自信,一旦失败总是怨天尤人。她身边常常带一个可以占卜吉凶的小玩具,很喜欢摆弄。小雅似乎缺少了这个年龄本该拥有的快乐,脸上总是挂满了忧郁和沮丧。

家庭是孩子生活、成长的具体环境,孩子从出世到离开父母独立生活这段漫长岁月里,都要在这个环境中逐步长大。家庭环境温馨、宽松、和谐,孩子就能自由、健康地成长;反之,如果家庭气氛不融洽,时常争吵、打骂、爆发家庭战争,孩子就会长期处于惊恐不安之中,心理就会变得扭曲,童年也会变得黯淡,甚至会觉得争吵和暴力才是解决问题的唯一办法。

## 2

犹太人的格言说:"温暖的家庭是上帝赐给我们的最好礼物。""若夫妇互敬互爱,上帝就与他们同在;若夫妇不和睦,则是吞没自己的大火。"

每一个孩子都是看着父母的背影长大的。他从父亲的身上,观察和思考什么是男人;他从母亲的身上,观察和思考什么是女人;他从父母双亲的身上,观察和思考什么是爱情和婚姻,学习和实践男女之间的理解与合作。提醒父母不要忘记:你如何处理你的夫妻关系,你就是在教育你的孩子将来怎么做妻子或丈夫。

孩子们极其需要一个充满爱的家庭,同时也极其需要由父母稳固的婚姻带给他们安全感。婚姻是需要双方来培育的,当彼此渴望与对方沟通,并从对方身上学到智慧的时候,婚姻是牢固的,家就成了孩子们成长的乐园。

　　有一个著名的翻译家,他非常爱他的妻子和家庭。每天清晨,他总是第一个起床,起床后第一件事,就是到自己的花园里摘一支红色玫瑰,然后回到卧室插进花瓶里,好让妻子睁开眼就可以看到它。

　　这个习惯他坚持了很多年,风雨无阻。在这期间,他们的孩子一天天长大了。长大后的孩子,在破晓时也和父亲同时起床做同样的事。

　　于是,随着岁月流逝,卧室花瓶里的花由一枝变成了两枝,一直持续了很多年。终于有一天,这个翻译家去世了,但每天早晨他妻子起床,依然可以看到花瓶里面有两枝玫瑰花。已经长大的孩子在给年迈的母亲献上玫瑰花的同时,还代父亲献上玫瑰花。

　　苏霍姆林斯基认为,父母真正地相亲相爱,教育出来的孩子心地温和、善良、宁静、心灵健康、真诚地相信人性的美好,和教师的关系也非常好,并能捕捉到人与人之间最微妙的美好情愫。

3

　　林语堂曾经说过:"究而言之,一个人一生出发时所需要的,除了健康的身体和灵敏的感觉之外, 只是一个快乐的孩童时期——充满家庭的爱情和美丽的自然环境便够了,在这条件之下生长起来,没有人会走错的。"

　　他这里所说的"充满家庭的爱情",并非我们通常意义上男女之间的爱情,而更像是一种亲情,"一个小孩子需要家庭的爱情,而我有的很多很多。我本是一个顽皮的孩子,也许正因这缘故,我父母十分疼爱我。我深识父亲的爱、母亲的爱、兄弟的爱和姐妹的爱。"

当然,这种"爱情",也包括父母之间的相互敬重与倾慕。

孩子的成长需要一个安心、快乐、轻松的环境。如果孩子面对的是一个总是充满争吵和不和谐的环境,那么他们幼小的心灵可能要承受很大的压力。心理学家认为,孩子的心理承受能力很差,很容易受到外界尤其是自己熟悉的环境的影响,争吵可能令他们总是处于恐慌的状态之中。长期生活在这样的环境里的孩子如受酷刑,渐渐地就会变得冷漠、悲观、孤独甚至多疑。

谁能不相信家庭良好氛围的力量呢?谁能不相信来自亲情的爱的力量呢?这告诉父母,只有在爱的沐浴下,才能收获丰硕的果实!即使父母没有所谓的天赋,即使父母不是博士也不是专家,父母依然可以让孩子出色!秘诀就在于营造轻松、愉悦的家庭氛围。